T0011640

# weird but true! USA

Until they are about five years old, **BALD EAGLES** have **BROWN HEADS.**

NATIONAL GEOGRAPHIC KIDS
weird but true!
USA
300
FASCINATING FACTS ABOUT THE FIFTY STATES
NATIONAL GEOGRAPHIC
WASHINGTON, D.C.

ALLIGATORS
CHECK OUT THESE JAWS!

sometimes
EAT
SHARKS
in Florida.

One Washington, D.C., Metro stop is

21 stories

deep.

In 1969, 530 million people watched American astronauts walk on the moon—

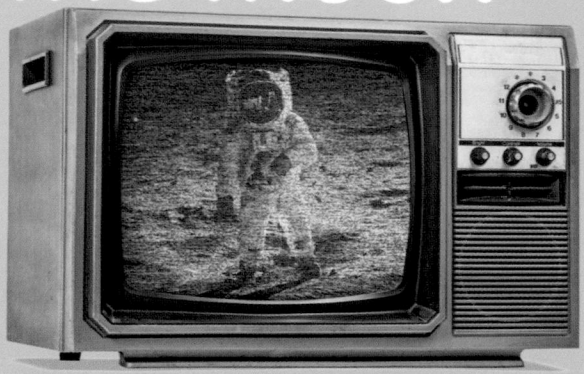

five times more than watched the 2018 Super Bowl.

Colonial Americans **made candy** out of **potatoes.**

The distance between **Russia** AND **Alaska** at their closest point is about twice the length of the **Golden Gate Bridge.**

If Alaska were
cut in half,
each half would
still be bigger
than Texas.

Nine **Yankee Stadiums** could fit inside Minnesota's **Mall of America.**

Louisiana hosts a **four-day mud festival** known as **Mudfest.**

On average, **CATS IN COLORADO LIVE TWO YEARS LONGER** than cats in other states, one study found.

MOOOOVE OVER!

Montana has more cows than people.

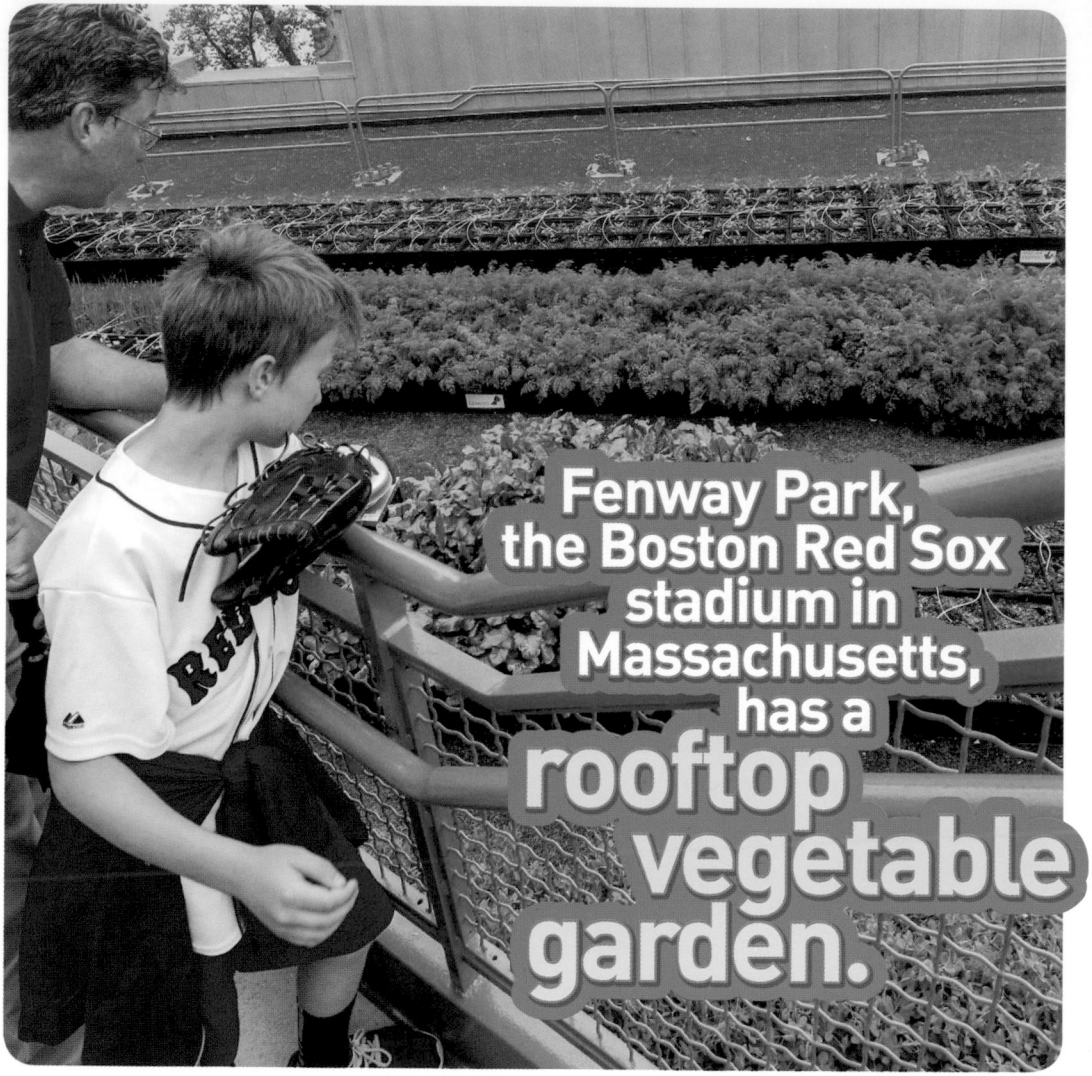
Fenway Park, the Boston Red Sox stadium in Massachusetts, has a rooftop vegetable garden.

IT'S POSSIBLE TO **sail** FROM THE Pacific Ocean TO **Idaho.**

Due to a land dispute, **Iowa** AND **Missouri** almost went to war in 1839.

THREE OF THE FIRST FIVE U.S. PRESIDENTS DIED ON **JULY 4.**

NO U.S. PRESIDENT HAS EVER **DIED IN MAY.**

EIGHT PRESIDENTS HAVE BEEN BORN IN **VIRGINIA,** THE MOST OF ANY STATE.

In 2015, the U.S. made an average of more than **two movies a day.**

Some people return

# LAVA ROCKS

they have taken from Hawaii because they believe they

# CAUSE BAD LUCK.

The only way to reach the post office in Point Roberts, Washington, is by **DRIVING THROUGH CANADA FIRST.**

In 1948, two men were arrested in Connecticut for selling **bad pickles.**

The United States
averages
1,250
tornadoes
every year—
about 10 times more
than any other
country.

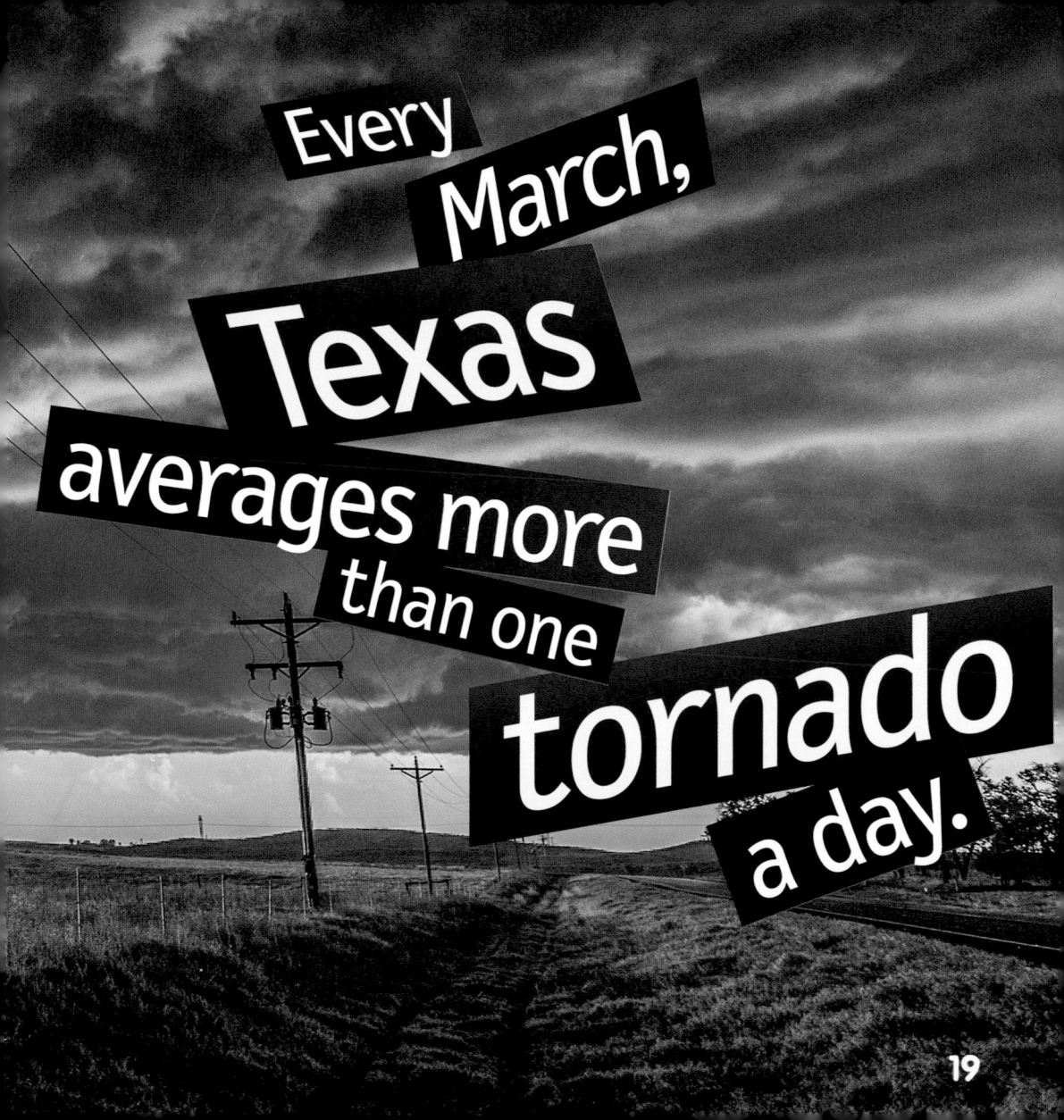
Every March, Texas averages more than one tornado a day.

The
root beer float
was once called the
black cow.

The city of **Los Angeles** was founded in 1781, **NINE YEARS** before Washington, D.C.

When you drive **45 miles an hour** (72 km/h) over a section of highway in New Mexico, the vibrations from your car's wheels play **"America the Beautiful."**

**Florida IS THE FLATTEST U.S. STATE.**

Halló! Hallo! Здравствуйте! Hej! Laba diena! Guten Tag! Terve! Sveicināti! Goddag! Вітаю! Dia duit! Добридень! Helô! Olá! Halló! Kaixo! Здраво! Hola! Здравейте! ¡Hola! Salve! Γεια σας! Zdravo!

**More than 200 languages are spoken in New York City.**

The state **"FLOWER"** of Maine is the **WHITE PINECONE.**

Every year, more than **100 million passengers** fly through the airport in Atlanta, Georgia—the **busiest in the world.**

About one-third of the veggies that U.S. kids eat are **potatoes.**

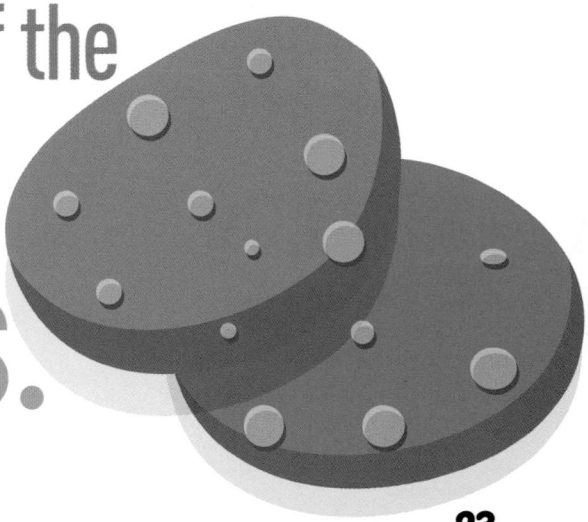

The lunar module of Apollo 10, which landed on the moon in 1969, was nicknamed Snoopy.

A U.S. chef created a recipe for fried butter balls.

Amelia Earhart's childhood dog was named James Ferocious.

**ENGLISH MUFFINS** originated in New York, not England.

America's
top five
ice-cream
flavors are

cookies and cream
mint chocolate chip and
chocolate chip cookie dough
a survey found.

One of the MOST REQUESTED PHOTOS from the National Archives is of President RICHARD NIXON shaking hands with ELVIS.

The American flag's official colors are **Old Glory Red, White, and Old Glory Blue.**

The Expedition Everest roller coaster at Disney World cost $100 million to build.

The United States is the only country where both

# alligators

Sarah Polk, wife of President James K. Polk,

**BANNED DANCING** in the **WHITE HOUSE.**

and

# crocodiles

can be found in the same location.

A **Saint Bernard** in South Dakota has the world's **longest dog tongue** —more than seven inches long. (18 cm)

The word **"OK"** is thought to come from **President Martin Van Buren's** nickname **"Old Kinderhook."**

The **Angel Oak** tree near Charleston, South Carolina, shades an area the size of **THREE AND A HALF BASKETBALL COURTS.**

# THE TOWN OF CASEY, ILLINOIS, HAS THE WORLD'S LARGEST STATUES OF ...

KNITTING NEEDLES

A ROCKING CHAIR

WIND CHIMES
WORLD'S LARGES WIND CHIME

WOODEN SHOES

A prehistoric mound in Ohio—which is shaped like a snake swallowing an egg—is more than 1,400 feet (425 m) long.

There is a
**UFO WATCHTOWER**

in
**San Luis Valley, Colorado.**

President Franklin D. Roosevelt **DISLIKED** the number **13.**

In Massachusetts, it's illegal to have exploding golf balls.
A female American bullfrog lays up to 20,000 eggs.

California's
San Andreas Fault
moves at about
the same rate
as your
fingernails
grow.

The average driver in New York City spends more than 100 hours a year looking for a parking spot.
MAYBE I SHOULD HAVE WALKED ...

Before Phoenix, Arizona, became an official city, it was called

# PUMPKINVILLE.

A **rabbit** in Los Angeles can **slam-dunk** a mini basketball in a mini hoop **seven times** in **60 seconds.**

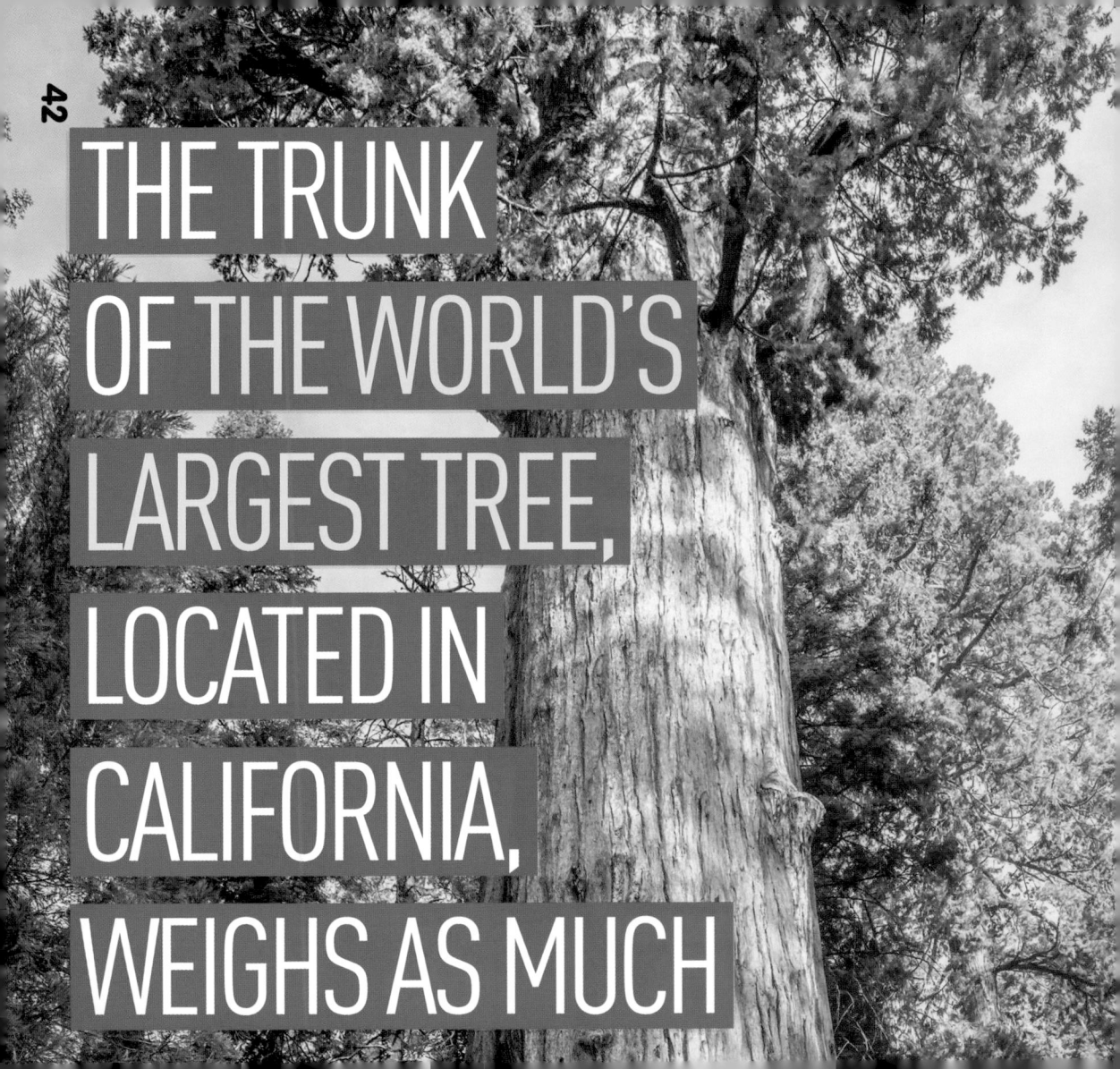

THE TRUNK OF THE WORLD'S LARGEST TREE, LOCATED IN CALIFORNIA, WEIGHS AS MUCH

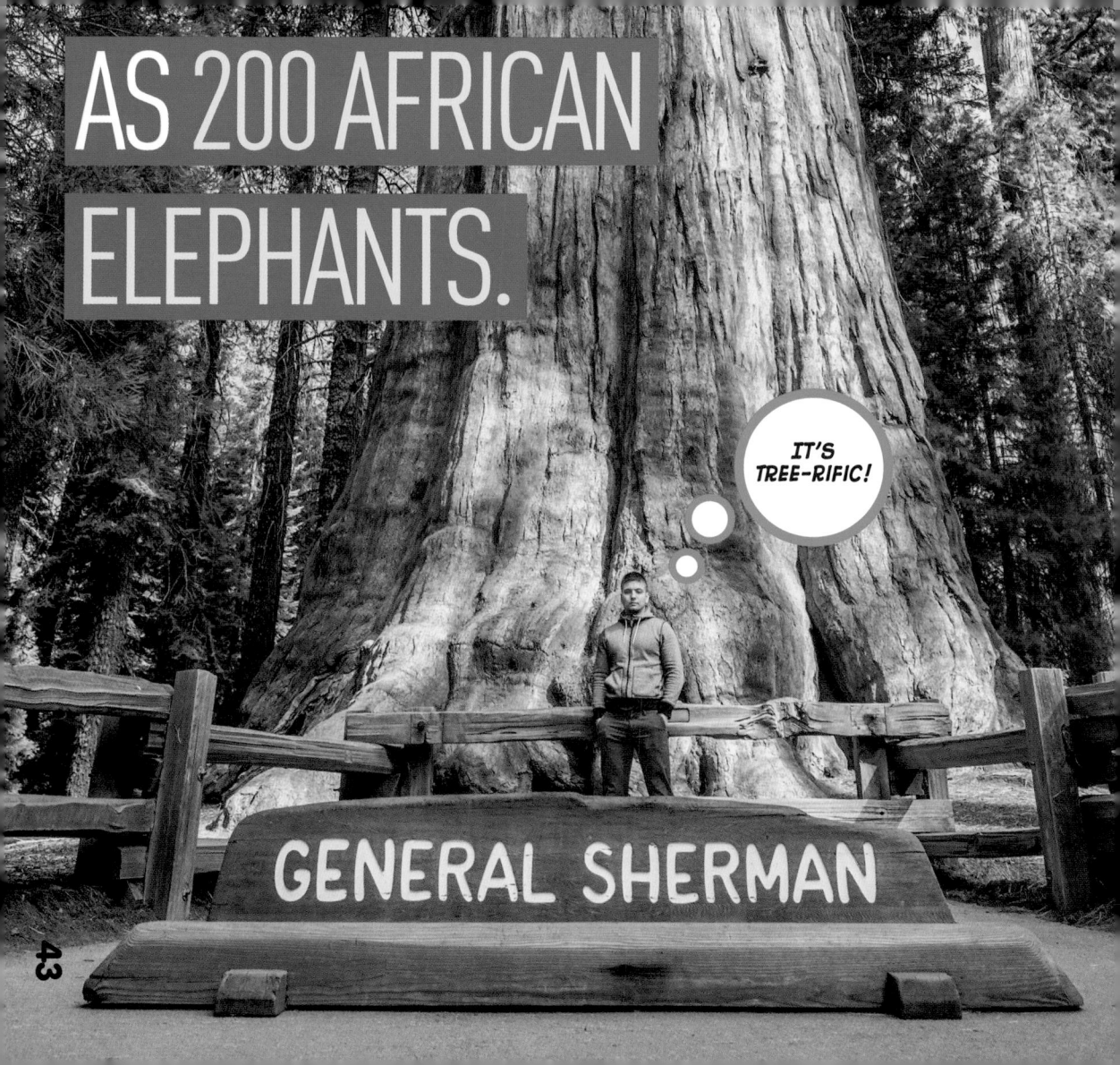
AS 200 AFRICAN ELEPHANTS.
IT'S TREE-RIFIC!
GENERAL SHERMAN

Nutty Narrows Bridge in Longview, Washington, was built so squirrels can safely cross a busy road.

Independence Day is July 4, but delegates from the 13 colonies **VOTED FOR INDEPENDENCE ON JULY 2.**

A mile-long (1.3-km) **island** RECENTLY FORMED off North Carolina's OUTER BANKS.

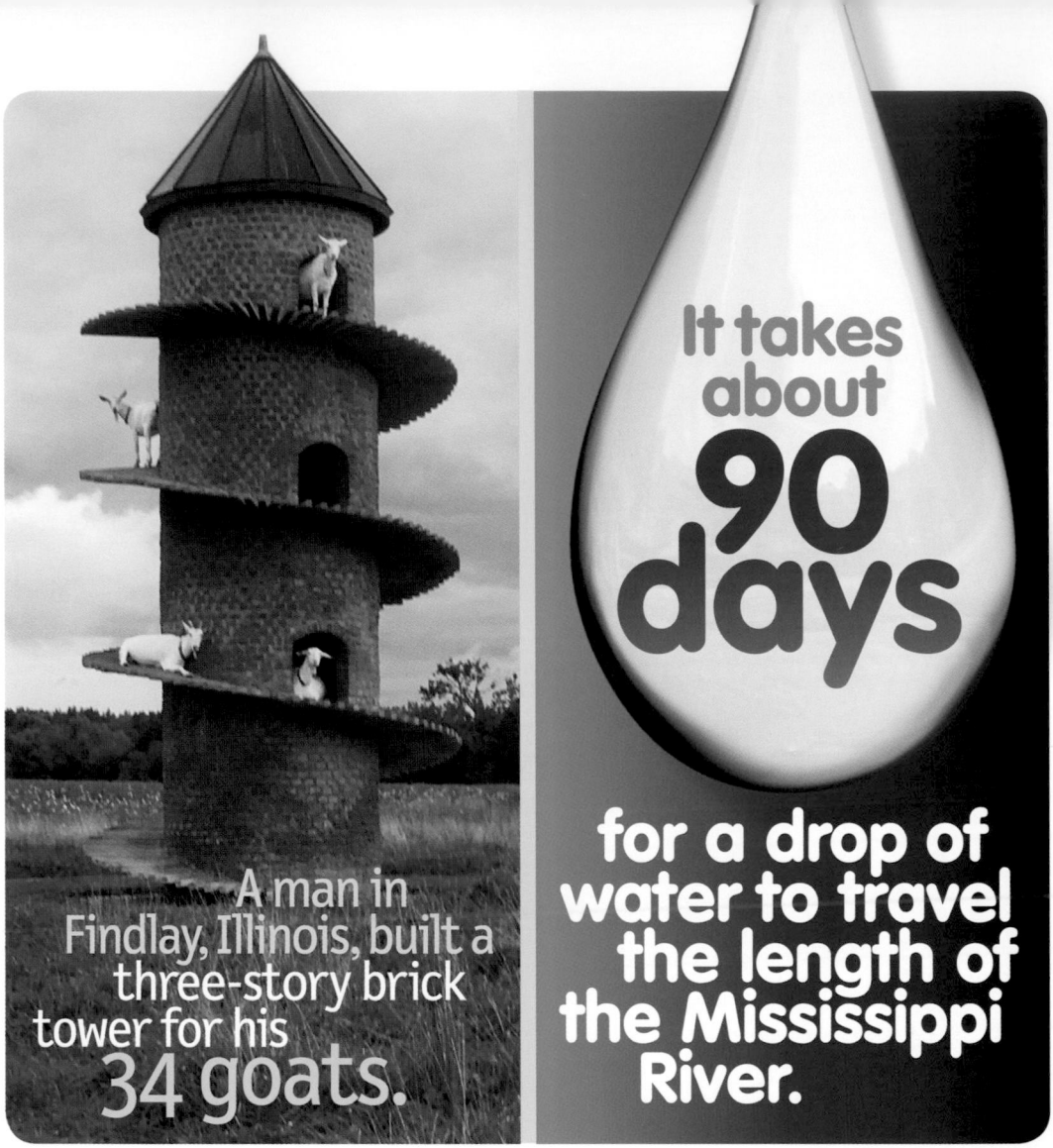
It takes about
90 days
for a drop of water to travel the length of the Mississippi River.
A man in Findlay, Illinois, built a three-story brick tower for his 34 goats.

THERE IS ENOUGH WATER IN

# LAKE SUPERIOR

TO FLOOD ALL OF NORTH AND SOUTH AMERICA IN ONE FOOT OF WATER.

(30 cm)

**Cindy,** a greyhound from Florida, holds the world record for **highest jump by a dog:** five feet eight inches. (172.7 cm)

42 percent of Americans believe in

GHOSTS.

Salamanders in the United States range in size from a paper clip to longer than a baseball bat.

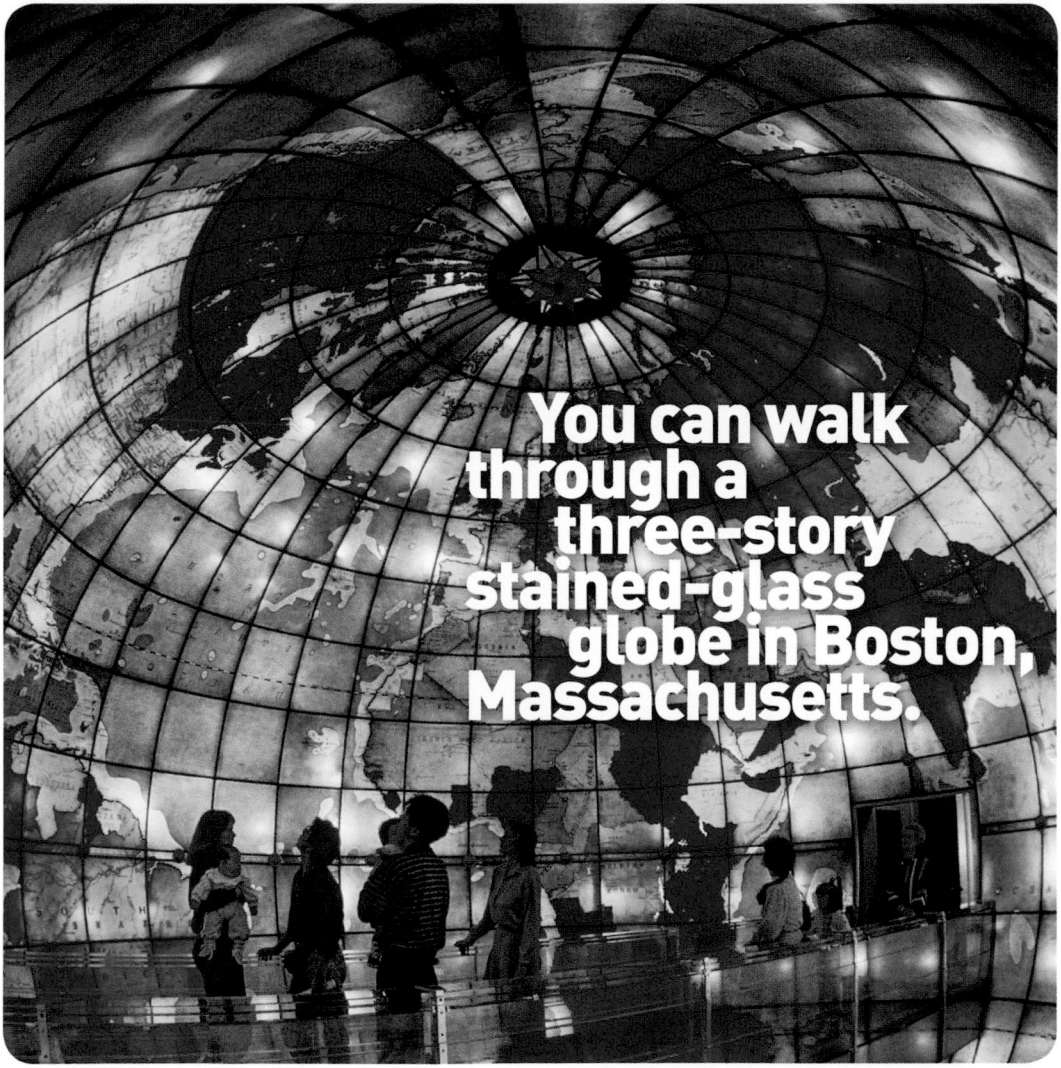
You can walk through a three-story stained-glass globe in Boston, Massachusetts.

Thor's Well,

a sunken cave in Oregon, looks like a bottomless drain in the Pacific Ocean.

**ABRAHAM LINCOLN** is in the National **WRESTLING** Hall of Fame.

President Chester A. Arthur **AUCTIONED OFF** a pair of President **ABRAHAM LINCOLN'S PANTS** to help pay for White House renovations.

In California's Mono Lake, limestone formations called tufa towers are **THREE STORIES TALL.**

An American REVOLUTIONARY WAR BATTLE FLAG sold for more than $12 million —the MOST EXPENSIVE FLAG ever sold at auction.

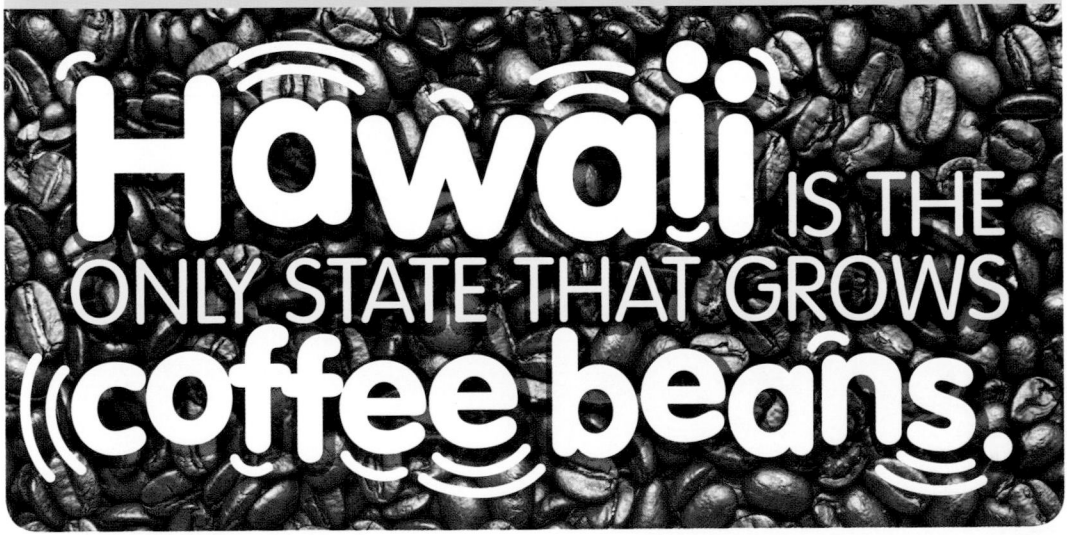

The largest private home in the United States, the Biltmore Estate

in Asheville, North Carolina, includes 43 bathrooms and 65 fireplaces.

More than
700
flavors
of soda are
sold at a
Los Angeles
soda pop
store.

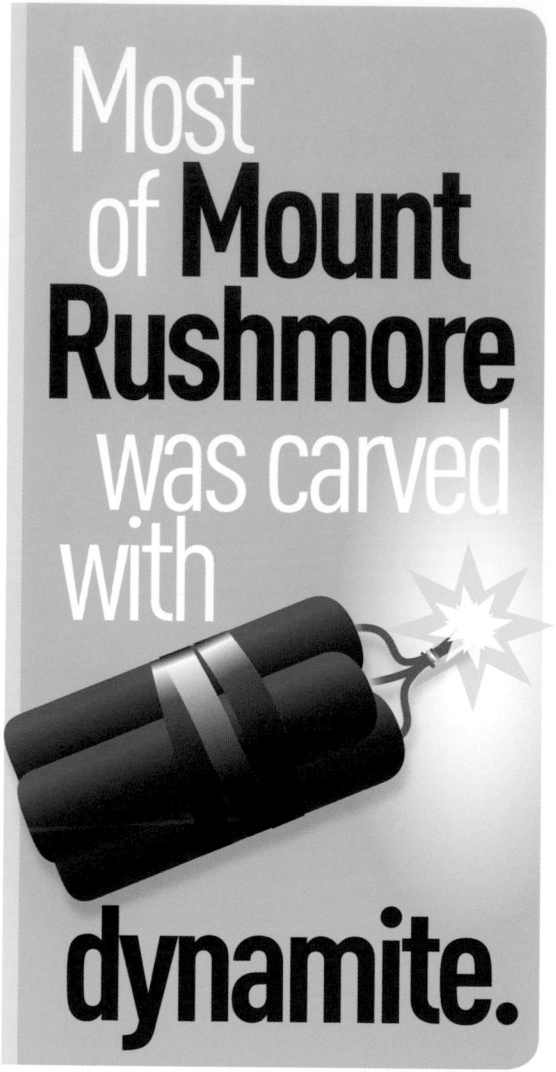
Most
of Mount
Rushmore
was carved
with
dynamite.

The **Pledge of Allegiance** was written for a magazine to help **sell subscriptions.**

You can **DIG** for **DIAMONDS** in a crater in Arkansas and **KEEP** what **YOU FIND.**

**THE DOG** on the **CRACKER JACK** box is named **BINGO.**

The territory of **American Samoa** is closer to **Australia** than to **Hawaii.**

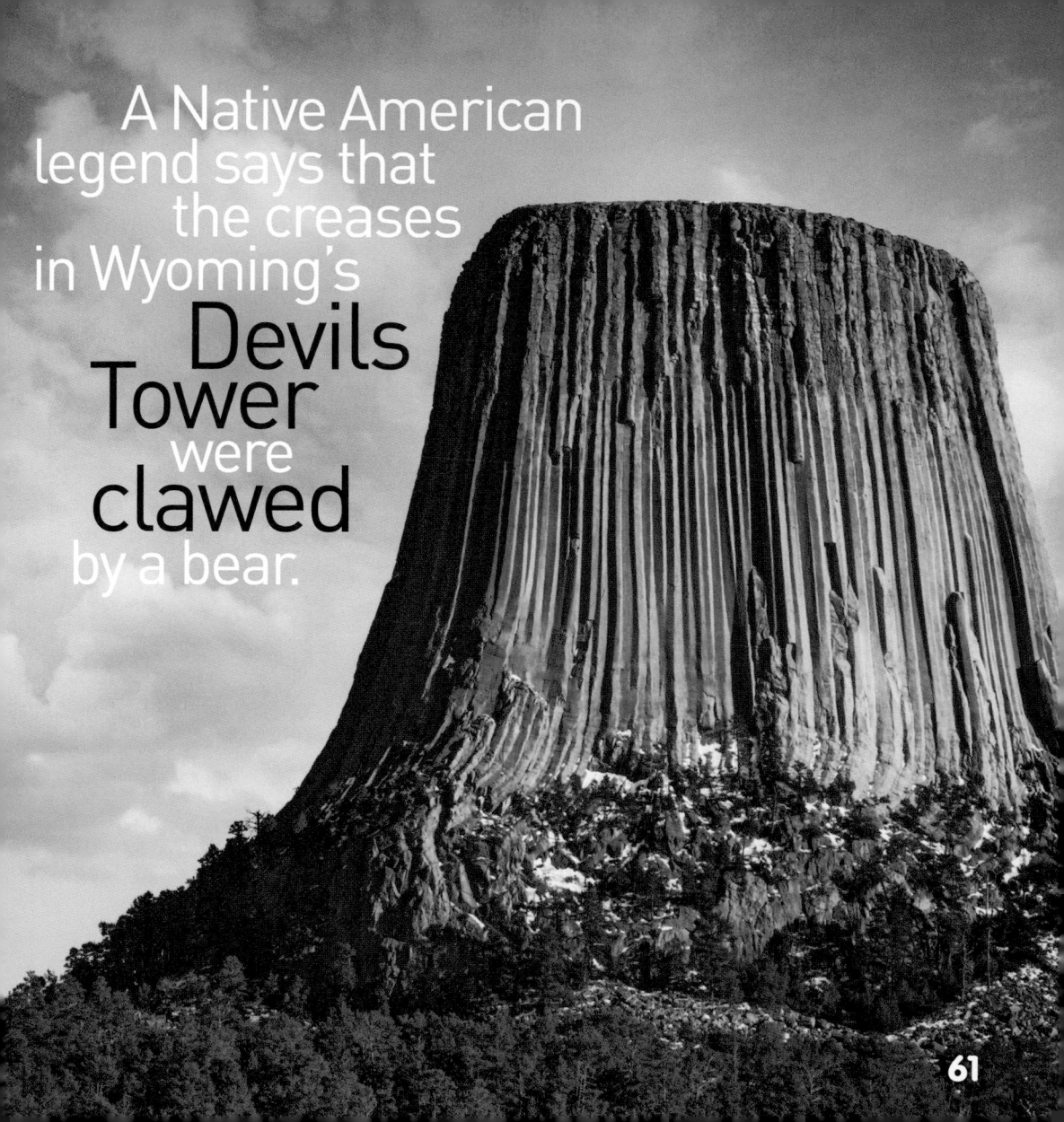

A Native American legend says that the creases in Wyoming's Devils Tower were clawed by a bear.

Jell-O
is the official
state snack of
UTAH.

George Washington Carver invented 300 uses for peanuts, including soap, hand lotion, and glue.

A HALF-SIZE MODEL OF THE LEANING TOWER OF PISA WAS BUILT IN ILLINOIS TO STORE WATER.

VERMONT
MAPLE
SYRUP
HAS ABOUT

# THE SAME AMOUNT OF CALCIUM AS WHOLE MILK.

A bird found only in the U.S.,
THE GREATER PRAIRIE CHICKEN,
stomps its feet and makes
LOW BOOMING SOUNDS
to attract mates.

The Colorado State Fair holds a pet rock Olympics, including a prize for the best dressed rock.
President George H. W. Bush BANNED BROCCOLI from Air Force One.
ICK!
UNITED STATES OF AMERICA

A 1959 EARTHQUAKE IN MONTANA CREATED A

# FIVE-MILE-(8-km)-LONG LAKE.

A building in Nashville, Tennessee, has towers that look like the ears of

**BATMAN'S MASK.**

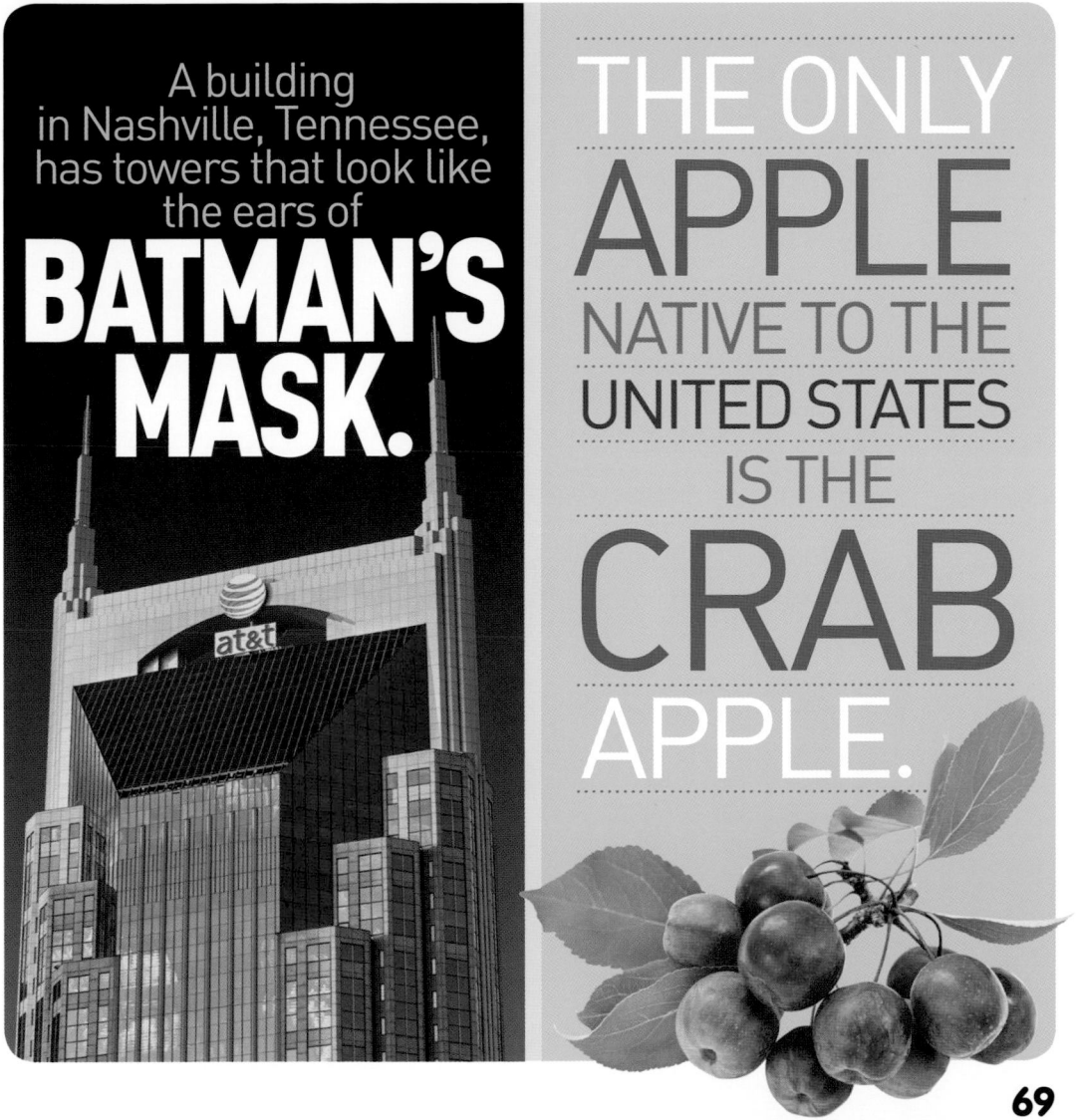


THE ONLY **APPLE** NATIVE TO THE UNITED STATES IS THE **CRAB** APPLE.

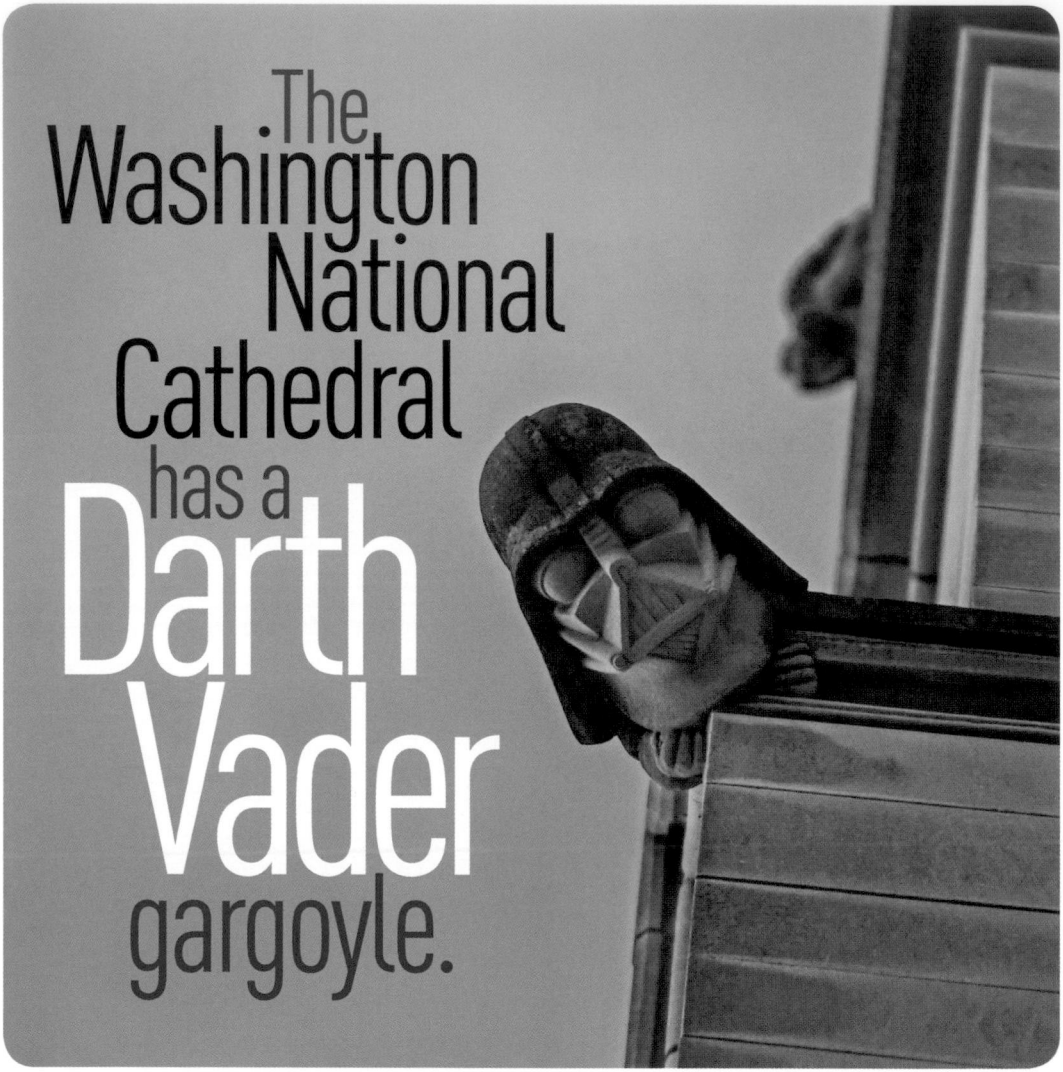
The
Washington
National
Cathedral
has a
Darth
Vader
gargoyle.

Some 1954 **lunch boxes** featuring the American character **Superman** can sell for **$20,000.**

*At the North Dakota State Fair, visitors can compete in a* **grease-covered-watermelon race.**

Google was started in a

# garage.

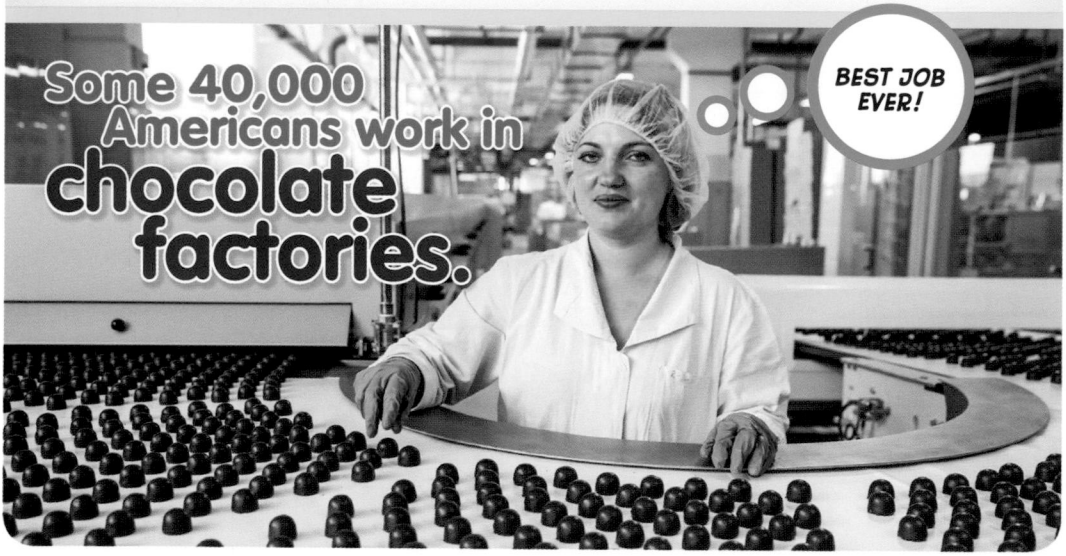

The heat tiles on NASA's space shuttles were made from high-grade sand.

California leads all states in UFO sightings.

A study found that Americans report more UFO sightings on the Fourth of July than on any other day.

Wildflowers
found in parts of the
Pacific Northwest are called
long-beard hawkweed,
poet's shooting star,
Columbia kittentail,
and
northern wormwood.

A chewy peanut-and-caramel treat known as **Squirrel Nut Zippers** was created in Massachusetts in 1890.

Golfers at a course in Fort Fairfield, Maine, can hit balls **across the Canadian border.**

The name "SKUNK" comes from the Algonquian words for "PEE" and "FOX."

A water tower in Gaffney, South Carolina, is painted to look like a gigantic peach.

There is a **toilet-seat art** museum in San Antonio, Texas.

BEFORE **CHICKEN MCNUGGETS,** MCDONALD'S IN THE U.S. BRIEFLY SOLD **"ONION NUGGETS."**

A LIBRARY BOOK checked out by George Washington was returned to a New York City library 221 YEARS LATE.

You can stay inside a beagle-shaped hotel in Idaho.

Legend says that anyone who
enters the CAVE OF THE EVIL SPIRIT beside
Niagara Falls will be cursed with
bad luck.

COPYCATS ...

California scientists modeled a **solar cell** —used to turn sunlight into electricity— after a **fly's eye.**

PRESIDENT ABRAHAM LINCOLN

# KEPT LETTERS

IN HIS

# STOVEPIPE HAT.

The Virginia opossum can have as many as 20 babies in a litter.

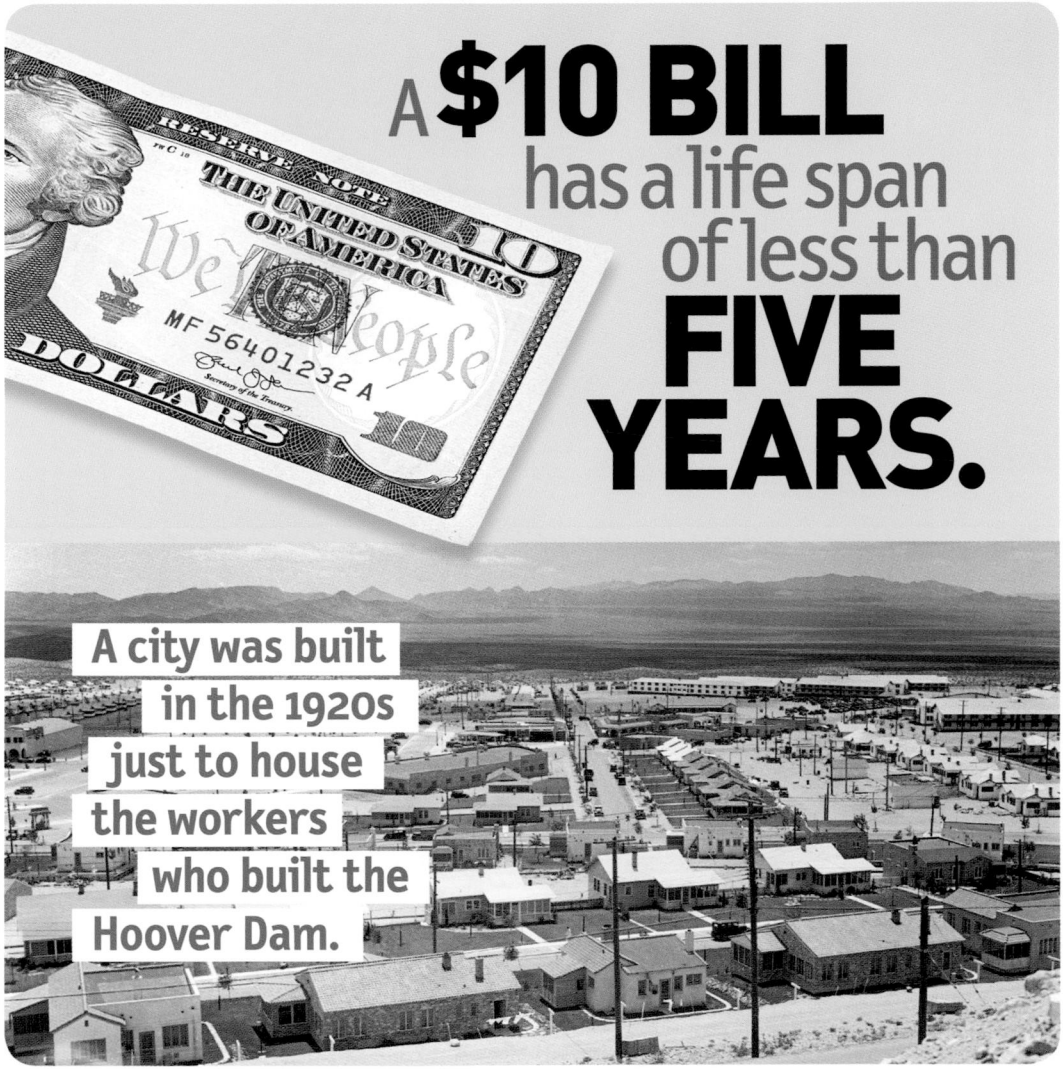
A $10 BILL
has a life span
of less than
FIVE
YEARS.
A city was built
in the 1920s
just to house
the workers
who built the
Hoover Dam.

At the Georgia State Fair, the winning pig in the pig races gets an Oreo cookie.

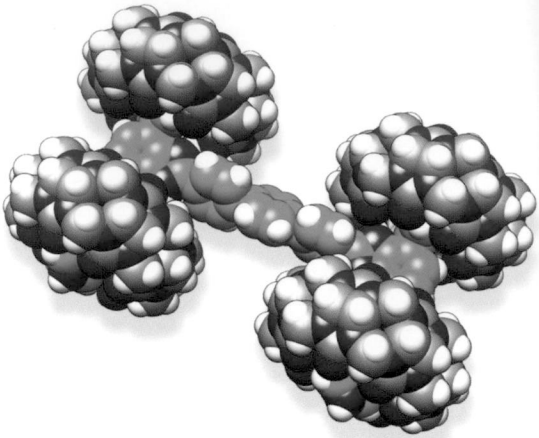

Scientists in Ohio created a miniature "MONSTER TRUCK" out of FIVE MOLECULES.

35%
of Americans say they have eaten PIE for BREAKFAST, a survey found.

A U.S. deputy named

**BASS REEVES**

was said to have arrested more than 3,000 lawbreakers—and was

**the inspiration for the Lone Ranger.**

The world's largest

**BALL OF STAMPS,**

which is in Nebraska, weighs more than 600 pounds— (272 kg)

**it's as heavy as two giant pandas.**

At a restaurant in Kentucky, people try to eat a **five-pound (2-kg) hamburger** in less than an hour.

A construction crew in Colorado unearthed a **66-MILLION-YEAR-OLD *TOROSAURUS*,** a relative of *Triceratops*.

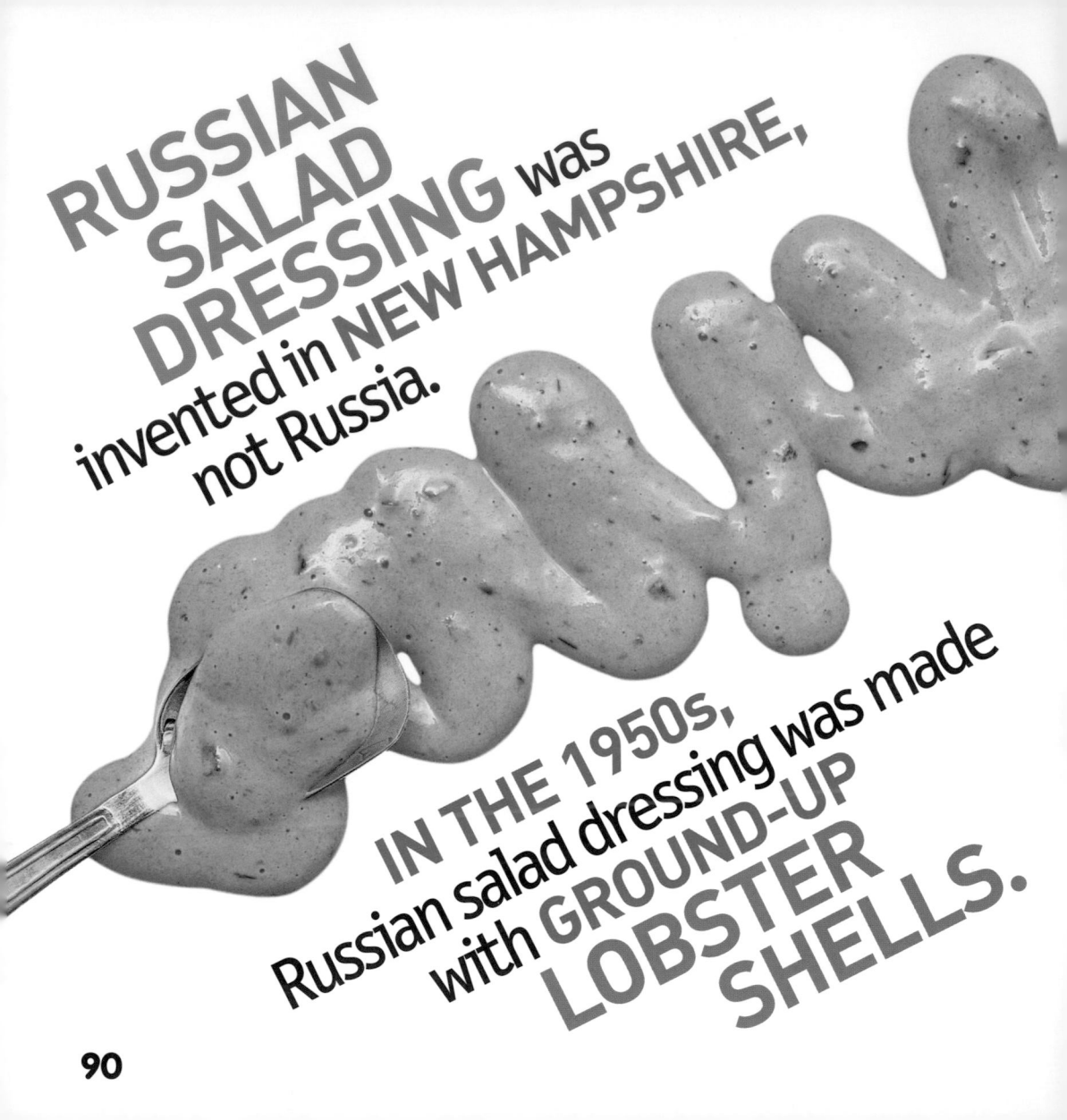
RUSSIAN SALAD DRESSING was invented in NEW HAMPSHIRE, not Russia.
IN THE 1950s, Russian salad dressing was made with GROUND-UP LOBSTER SHELLS.

In ancient Alaska, diapers were made of moss.

The **ATOM** was **FIRST SPLIT** beneath the **FOOTBALL STANDS** at the University of Chicago, in Illinois.

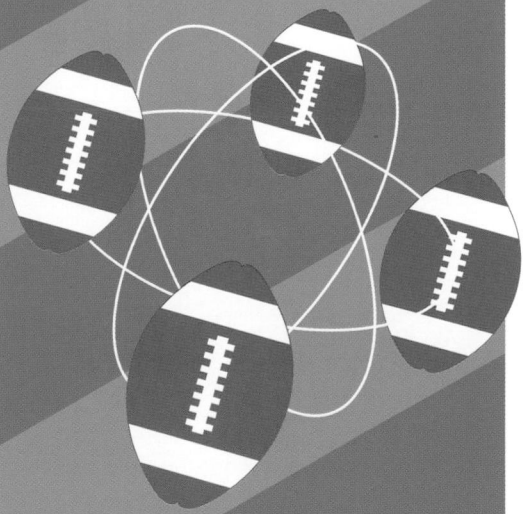

**HOT DOGS** got their name in the United States from being known as **"DACHSHUND SAUSAGES"** in Germany.

IT TOOK TWO PEOPLE MORE THAN **400 hours** TO BUILD A MODEL OF THE **Liberty Bell**

WITH **Lego bricks.**

When Twinkies were invented in Chicago, Illinois, in 1930, you could buy two for just five cents.
Twinkies were originally filled with banana cream, but a U.S. banana shortage during World War II forced a switch to vanilla cream.

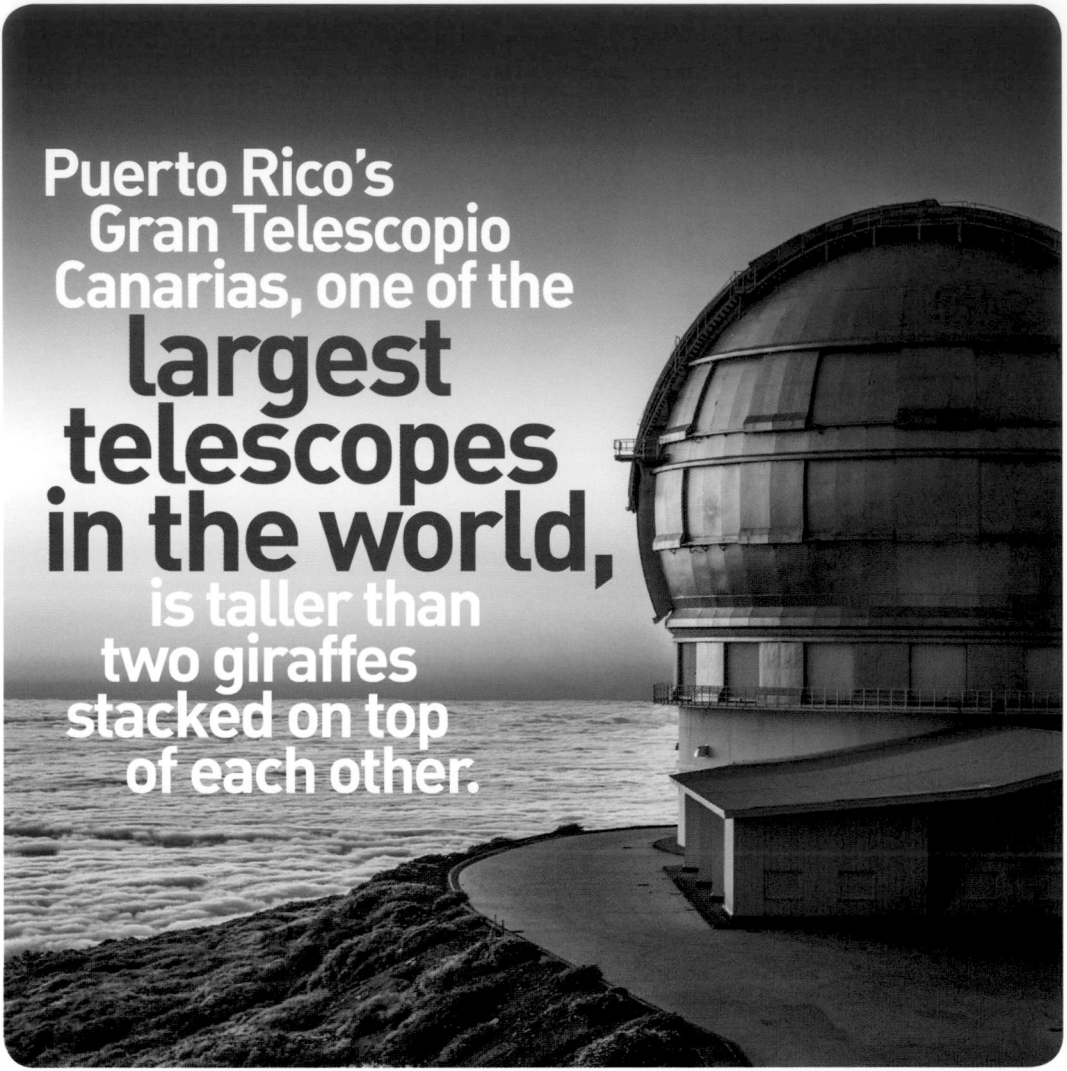
Puerto Rico's
Gran Telescopio
Canarias, one of the
largest
telescopes
in the world,
is taller than
two giraffes
stacked on top
of each other.

EARLY AMERICAN COLONISTS MADE "COFFINS" —PIES COOKED IN LONG PANS.

THE INK USED TO PRINT U.S. PAPER MONEY IS MAGNETIC.

IN THE 1850s,

**AMERICAN SETTLERS**

USED

**CAMELS**

TO EXPLORE THE WEST.

A **nine-year-old** boy exploring in New Mexico's Organ Mountains **tripped** over a ***Stegomastodon*** **fossil.**

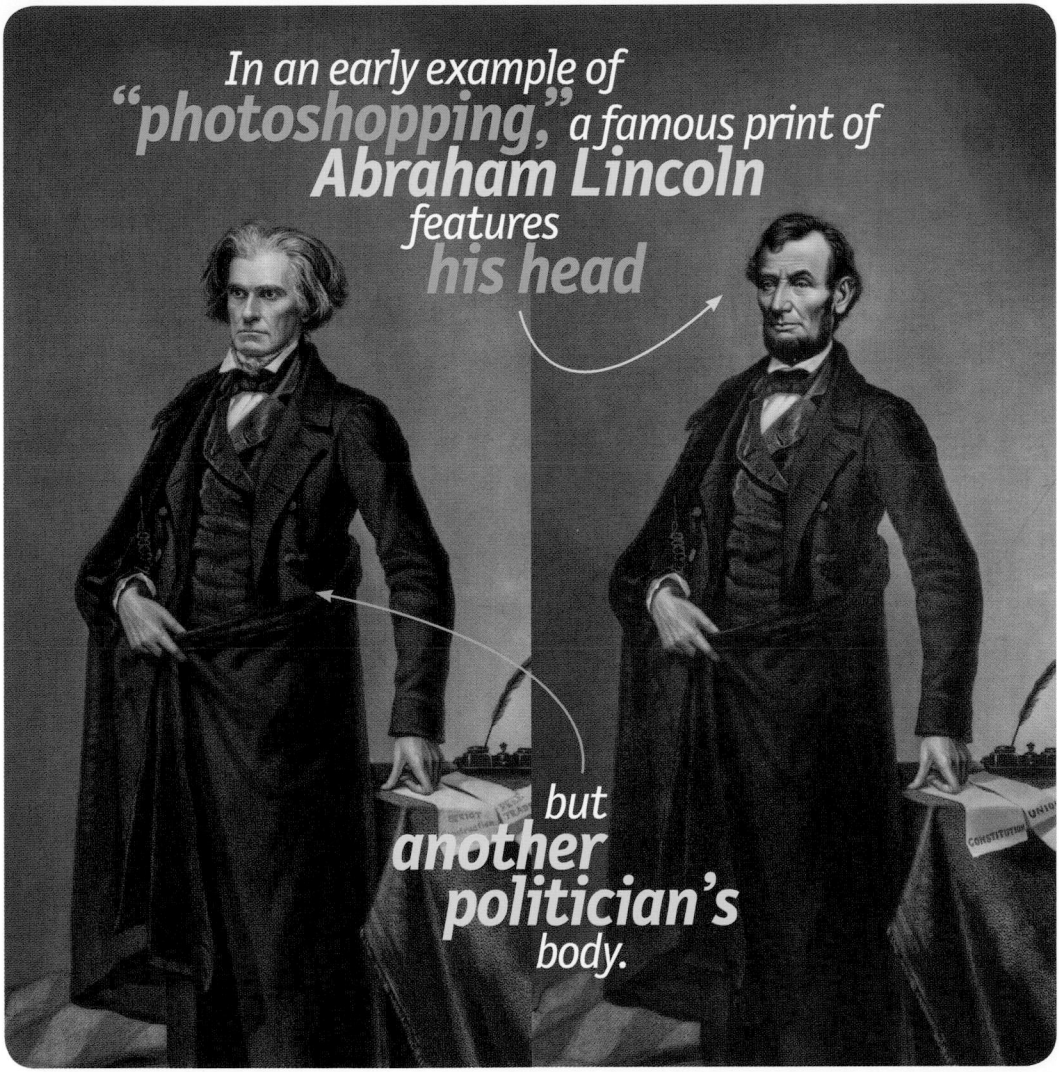
In an early example of
"photoshopping," a famous print of
Abraham Lincoln
features
his head
but
another
politician's
body.

Oregon harvests about
FIVE MILLION
CHRISTMAS
TREES every year—
more than any other
state.

**MCDONALD'S**
is sometimes called
**Mickey D's**
in the United States,
**Macca's**
in Australia, and
**McDo**
in France.

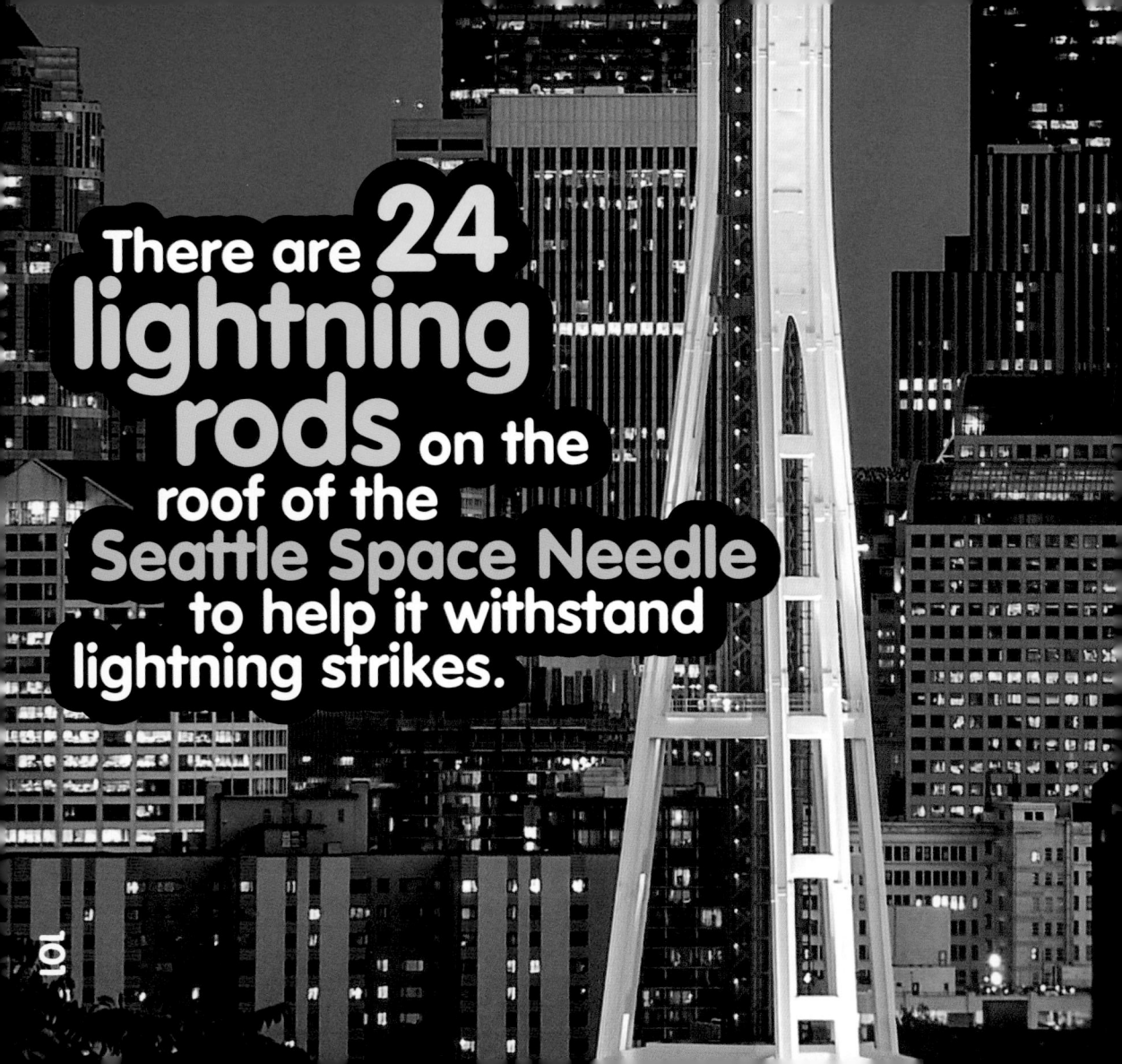

There are 24 lightning rods on the roof of the Seattle Space Needle to help it withstand lightning strikes.

**70 percent** of American pet owners sign **their pet's** name to greeting cards, a survey found.

**President George H. W. Bush celebrated his 90th birthday by skydiving.**

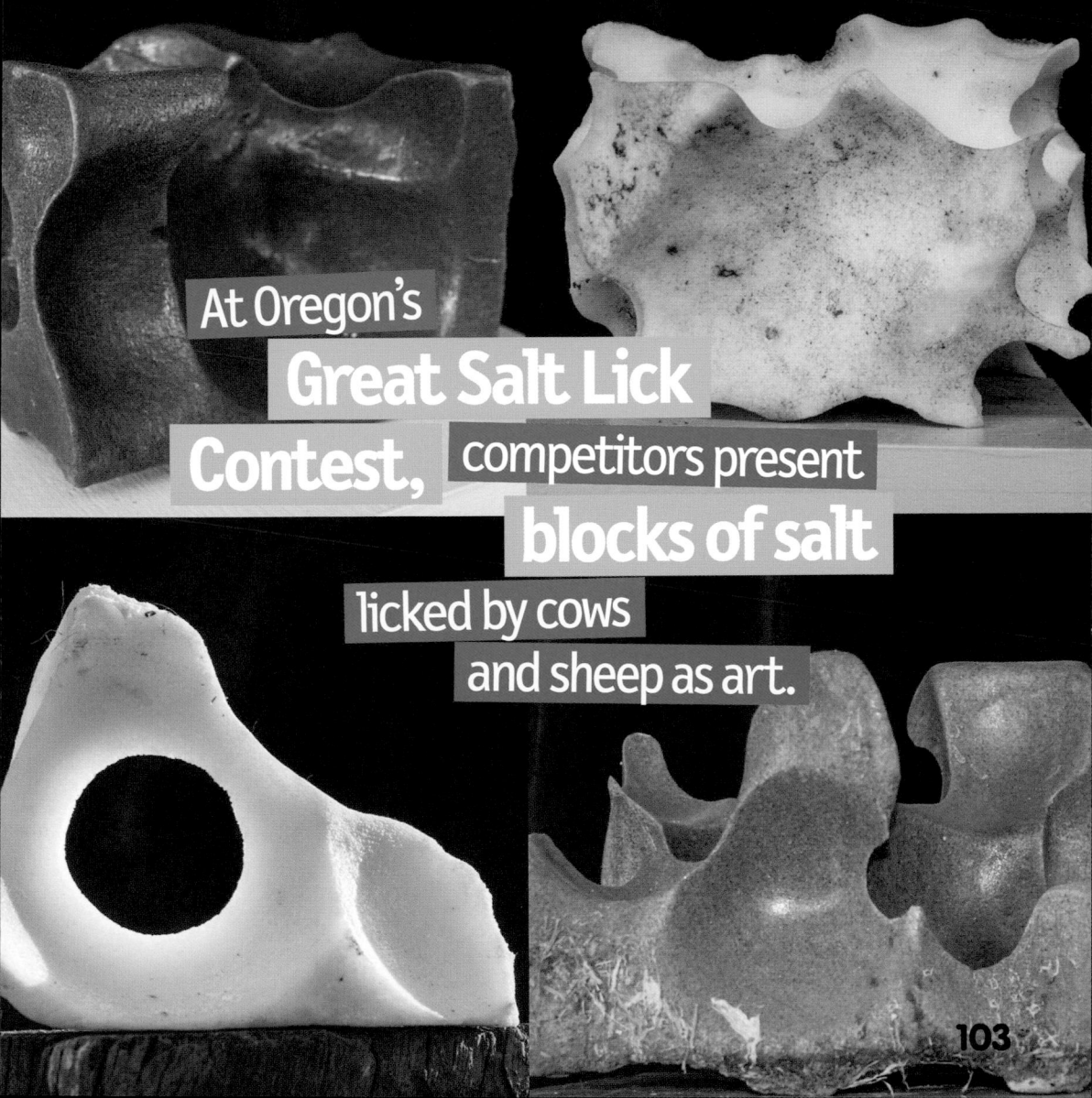

At Oregon's **Great Salt Lick Contest,** competitors present **blocks of salt** licked by cows and sheep as art.

Buzz Aldrin took a **SPACE "SELFIE"** in 1966.

In 1934, dust from Texas traveled so far that it coated ships' decks in the Atlantic Ocean.

McNally Plaza in New York City is **SO SMALL** that only a few people can fit in it.

San Francisco's
famous fog
is nicknamed
Karl.

# One desk drawer on the U.S. Senate floor is **always stocked with candy.**

Ghost fireflies of the southeastern United States glow blue.

A Miss American Vampire contest was held in California in 1970.

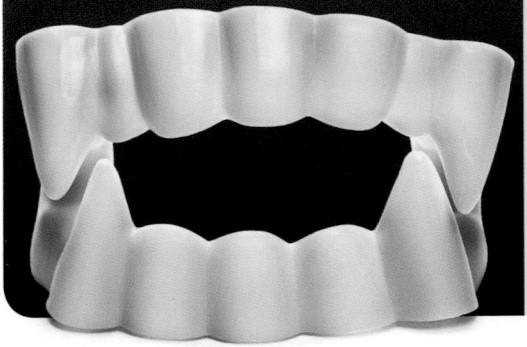

You could drive across Rhode Island, the smallest state, in just one hour.

110

A Wisconsin corn maze was designed in the shape of a trilobite, an arthropod that crawled seafloors 250 million years ago.

The North American Wood Ape Conservancy in Texas researches Bigfoot sightings.
Bigfoot is also known as Woolly Booger in Texas.
BOOGER XING

THE WORLD'S LARGEST **CHICKEN NUGGET,** MADE IN NEW JERSEY, WAS AS BIG AS **720 NUGGETS COMBINED.**

White House staff used **snowmen** to **play a prank** on President Barack Obama.

# ALASKA

is the only state name that can be typed on one row of a keyboard.

An Illinois man set a world record by eating six peanut butter and jelly sandwiches in one minute.

A BORDER COLLIE was trained to shoo away birds at a Michigan airport so planes could take off safely.

In Chicago, Illinois, the Tribune Building contains rocks from ...
THE GREAT PYRAMID OF KHUFU IN GIZA, EGYPT

THE MOON
ABRAHAM LINCOLN'S TOMB IN SPRINGFIELD, ILLINOIS
THE ALAMO IN SAN ANTONIO, TEXAS
THE COLOSSEUM IN ROME, ITALY

PRESIDENT WILLIAM MCKINLEY'S
pet parrot
COULD WHISTLE
"Yankee Doodle."

**Kool-Aid,** invented in Nebraska, was originally called **FRUIT SMACK.**

**Mortimer** was Walt Disney's original choice for **Mickey Mouse's** first name.

CALIFORNIA HAS AN **official state dinosaur:** a **duck-billed** PLANT-EATER THAT LIVED **66 million years** AGO.

THE CITY OF **PORTLAND, OREGON,** WAS NAMED IN A **COIN TOSS**

—IT HAD A **FIFTY-FIFTY CHANCE** OF BECOMING BOSTON, OREGON.

**IN ONE SECOND,** A WATER PIPE FROM THE **HOOVER DAM** COULD FILL 960,000 SODA CANS.

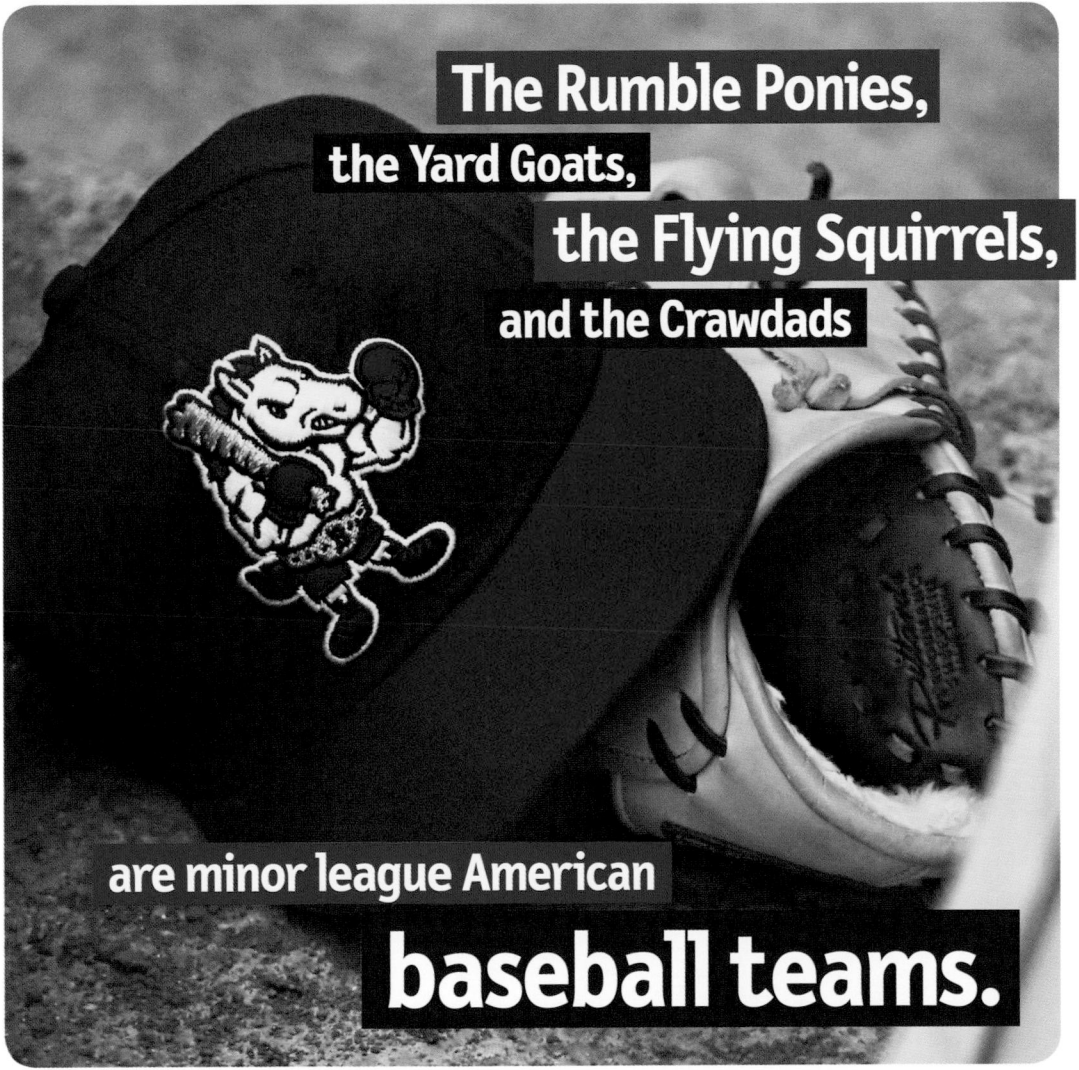
The Rumble Ponies,
the Yard Goats,
the Flying Squirrels,
and the Crawdads
are minor league American
baseball teams.

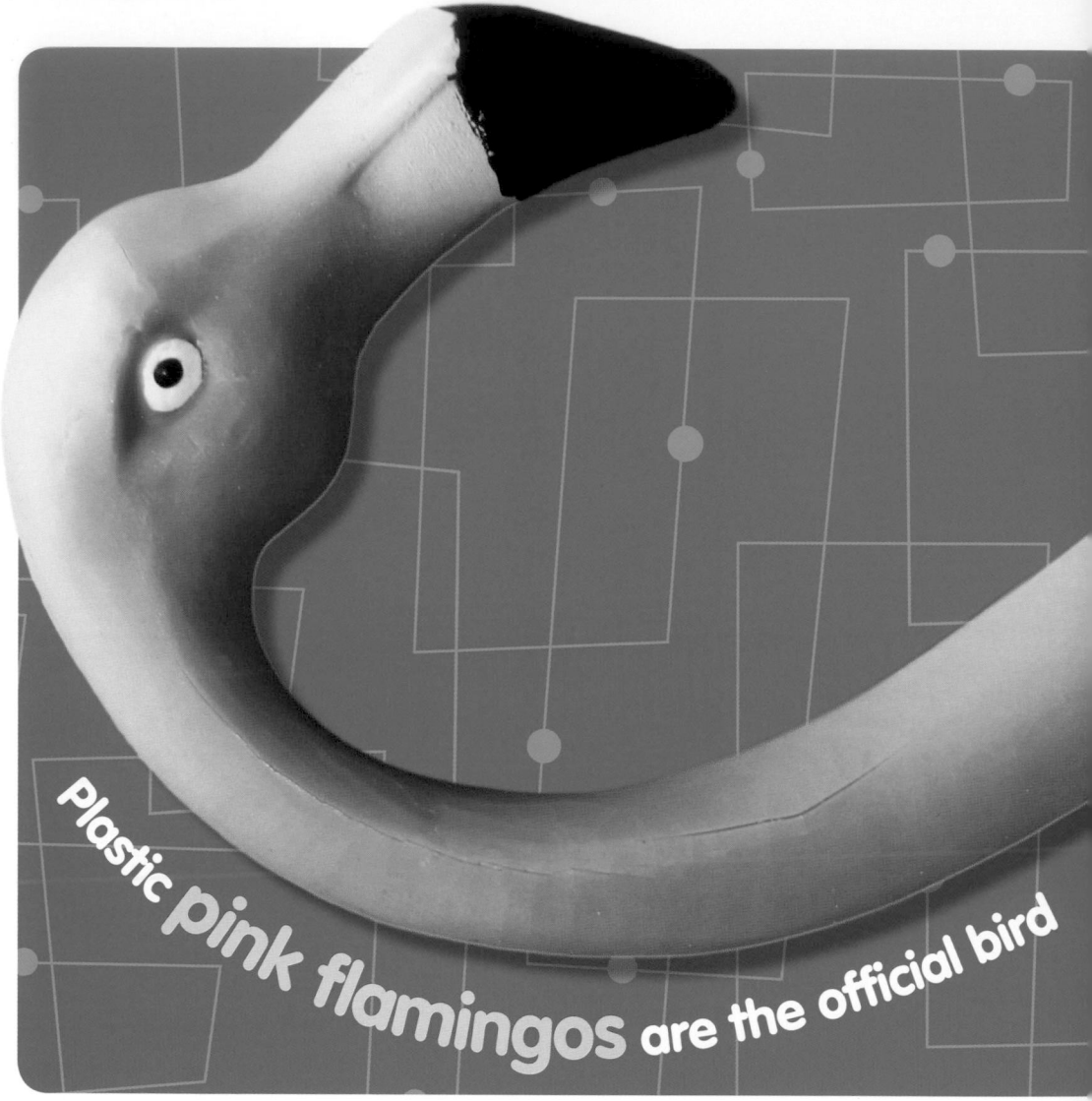
Plastic pink flamingos are the official bird

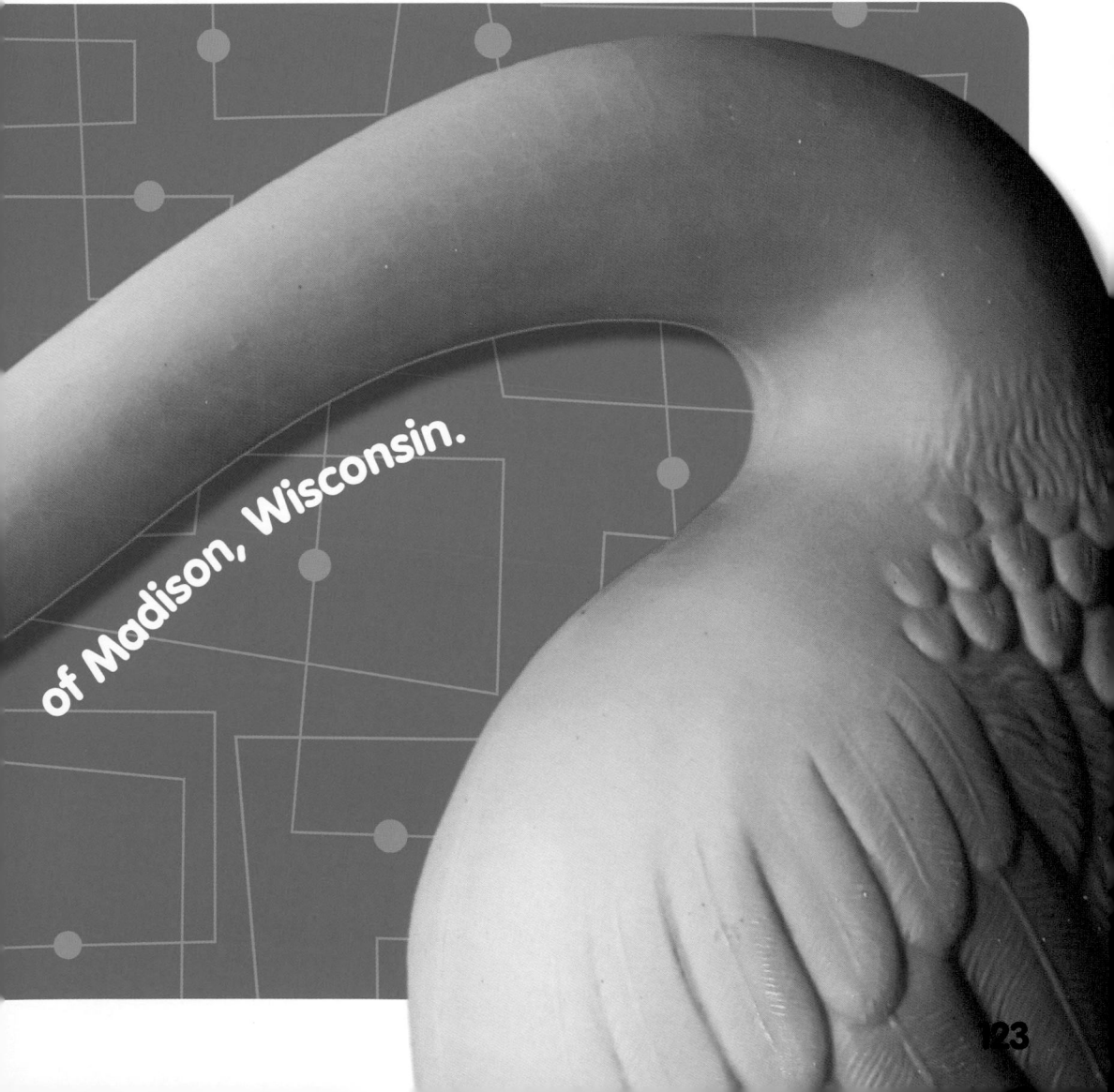
of Madison, Wisconsin.

FOUND IN THE U.S., THE GRASSHOPPER MOUSE
screeches like a wolf
BEFORE IT
attacks its prey.

**Humuhumunukunukuāpua'a**
—the official state fish of Hawaii—means **"with a snout like a pig."**

**During the Civil War, soldiers ate peanut brittle as part of their rations.**

*The Wonderful Wizard of Oz*

was originally titled

*From Kansas to Fairyland.*

THE LIBRARY OF CONGRESS ADDS ABOUT **12,000 ITEMS** TO ITS COLLECTION **EACH DAY.**

**NASA's logo is known as the "meatball."**

Making *Captain EO*, a movie shown at Disney parks, cost **$1.76 million for each minute** of the film.

FIRST ON THE AGENDA: DOG PARKS EVERYWHERE!
A DOG beat a cat, a donkey, and a chicken to BECOME MAYOR of Rabbit Hash, Kentucky.

Employees at a popcorn factory in Illinois created a 3,423-pound (1,553-kg) popcorn

ball
about the size of a
small hippo.

STUBBY,
A DOG WHO
SERVED IN
WORLD WAR I,
WAS AWARDED
THE RANK OF
UNITED STATES
ARMY SERGEANT
FOR FINDING A
GERMAN SPY.

HE COULD SALUTE WITH HIS PAW.

The exterior of the Corn Palace in Mitchell, South Dakota, is covered with 375,000 pieces of corn.

A PROFESSOR IN PITTSBURGH, PENNSYLVANIA, invented the smiley face emoticon IN 1982. :-P

South Carolina's **palmetto trees** helped win a battle during the Revolutionary War—

**British cannonballs BOUNCED** off their rubbery trunks.

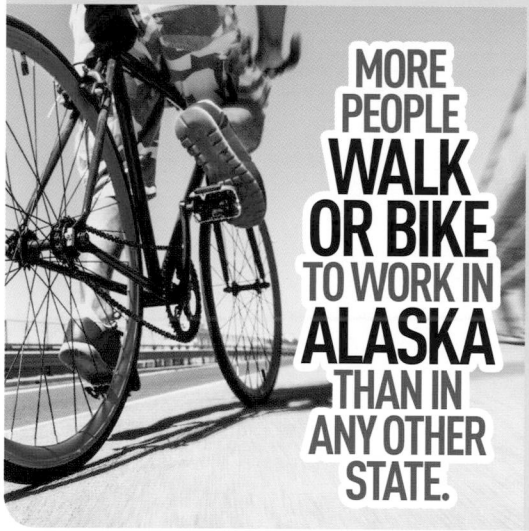

MORE PEOPLE **WALK OR BIKE** TO WORK IN **ALASKA** THAN IN ANY OTHER STATE.

**Christopher Columbus** never set foot in what is **now the United States.**

SLICED BREAD WAS

IN THE UNITED STATES DURING WORLD WAR II.

A museum in Chicago, Illinois, is home to Sue, the largest and

most complete *Tyrannosaurus rex* ever found.

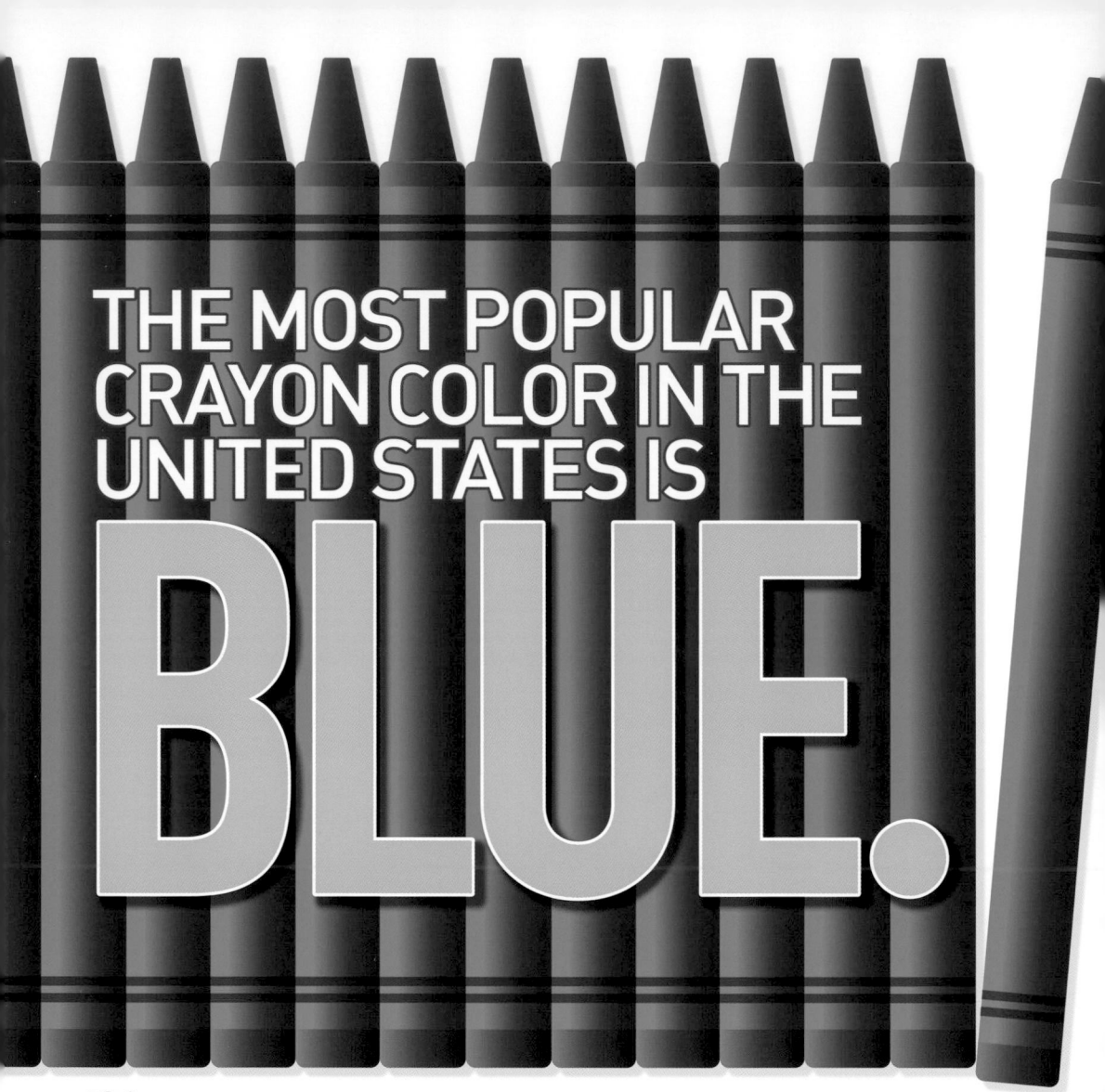
THE MOST POPULAR
CRAYON COLOR IN THE
UNITED STATES IS
BLUE.

A postal worker in Houston, Texas, built a **monument to oranges** using only objects he found around town.

President **William Henry Harrison's inaugural address lasted longer** than the movie ***Finding Nemo.***

More than **20 DIFFERENT KINDS OF DINOSAURS** have been discovered **IN ONE GEOLOGICAL FORMATION** in parts of Montana, South Dakota, and North Dakota.

A **bathroom** in Las Vegas, Nevada, showcases a section of the **Berlin Wall.**

After the **DECLARATION of Independence** was first read to a crowd in Boston, Massachusetts, they burned statues **REPRESENTING Great Britain.**

**BURGOO IS A TRADITIONAL KENTUCKY STEW.**

On full-moon nights, a
moonbow
—a rainbow
caused by the moon—
sometimes appears at Kentucky's Cumberland Falls.

Green Bay, Wisconsin, is known as
the toilet paper capital of the world.

Perforated toilet paper
was
invented in
Albany,
New York,
in 1871.

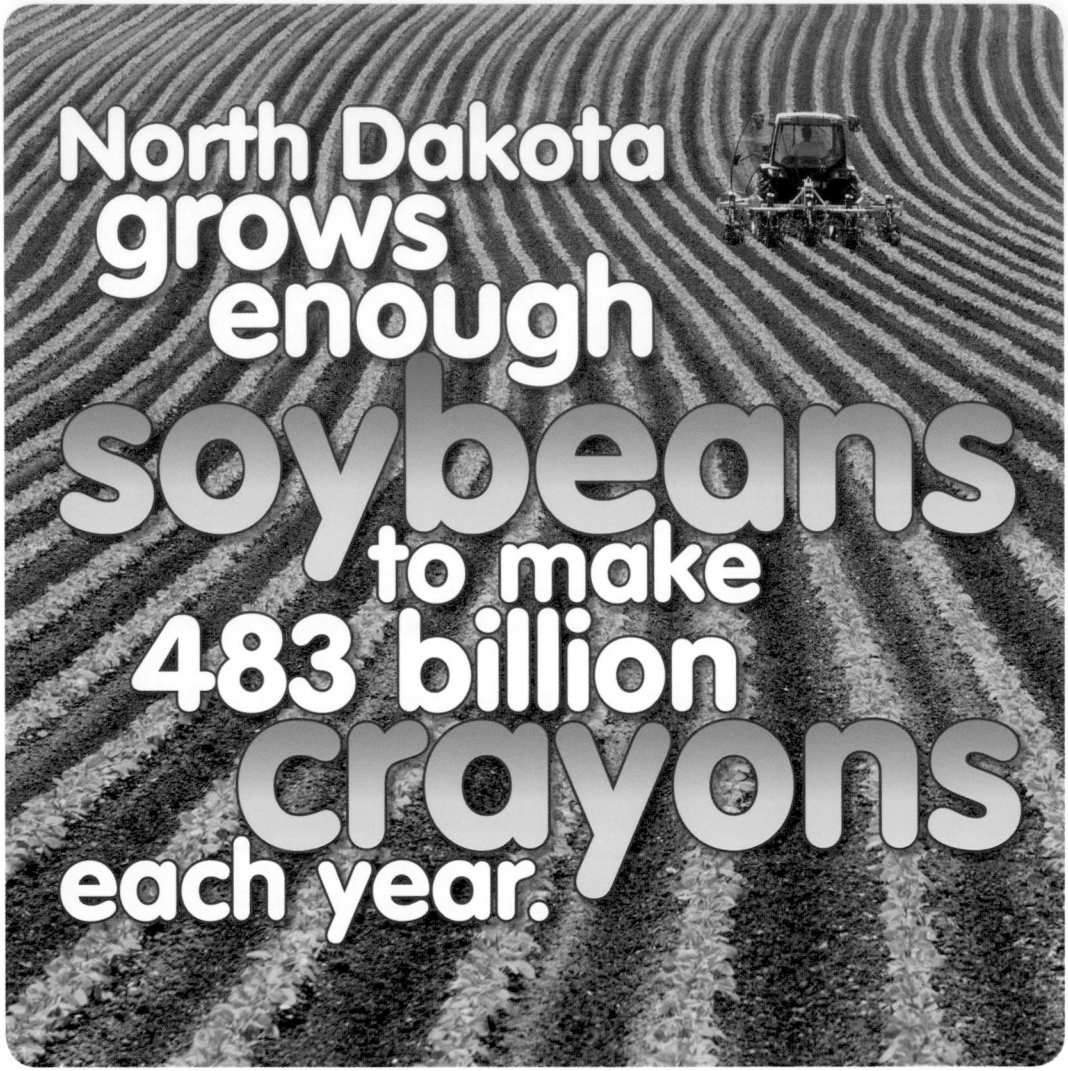
North Dakota
grows
enough
soybeans
to make
483 billion
crayons
each year.

# Potato McTater,

a shih tzu from New York City, has more than

**54,000 followers**

on social media.

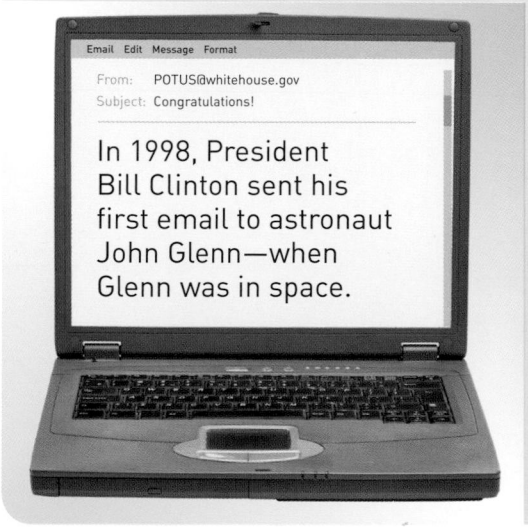

# DENIM IS THE official fabric of California.

A man in Florida drives a **cheeseburger-shaped** motorcycle.

INCLUDING ITS TERRITORIES, THE UNITED STATES SPANS

# 11 TIME ZONES.

A DJ in **New York City** helped create **hip-hop** music using a technique he called the **merry-go-round.**

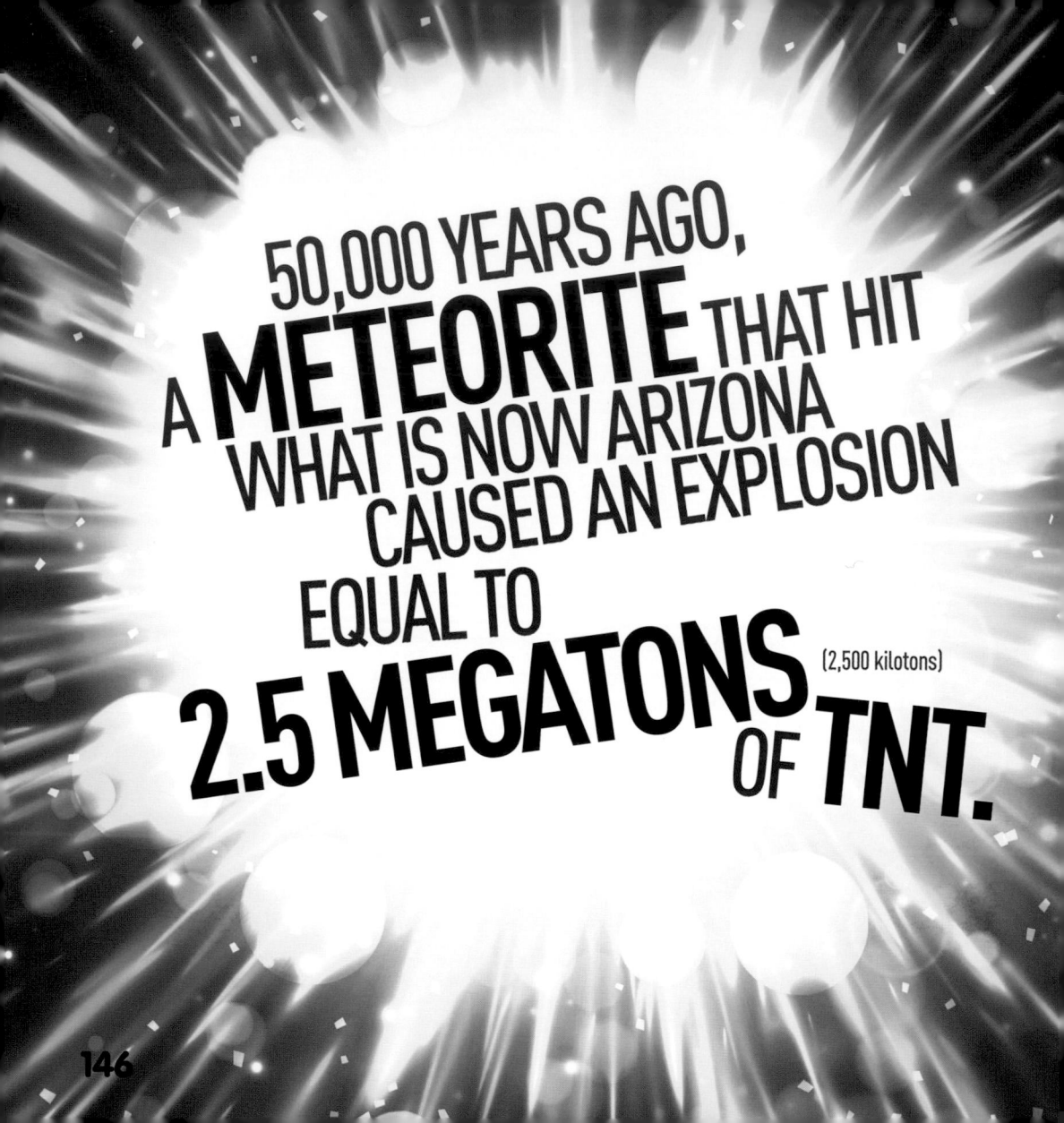
50,000 YEARS AGO,
A METEORITE THAT HIT
WHAT IS NOW ARIZONA
CAUSED AN EXPLOSION
EQUAL TO
2.5 MEGATONS (2,500 kilotons)
OF TNT.

A PAINTING OF THE AMERICAN FLAG ONCE SOLD FOR $36 MILLION.

An American man who lived in a house **WITHOUT ELECTRICITY** until he was 14 created the first completely **ELECTRONIC TELEVISION SYSTEM.**

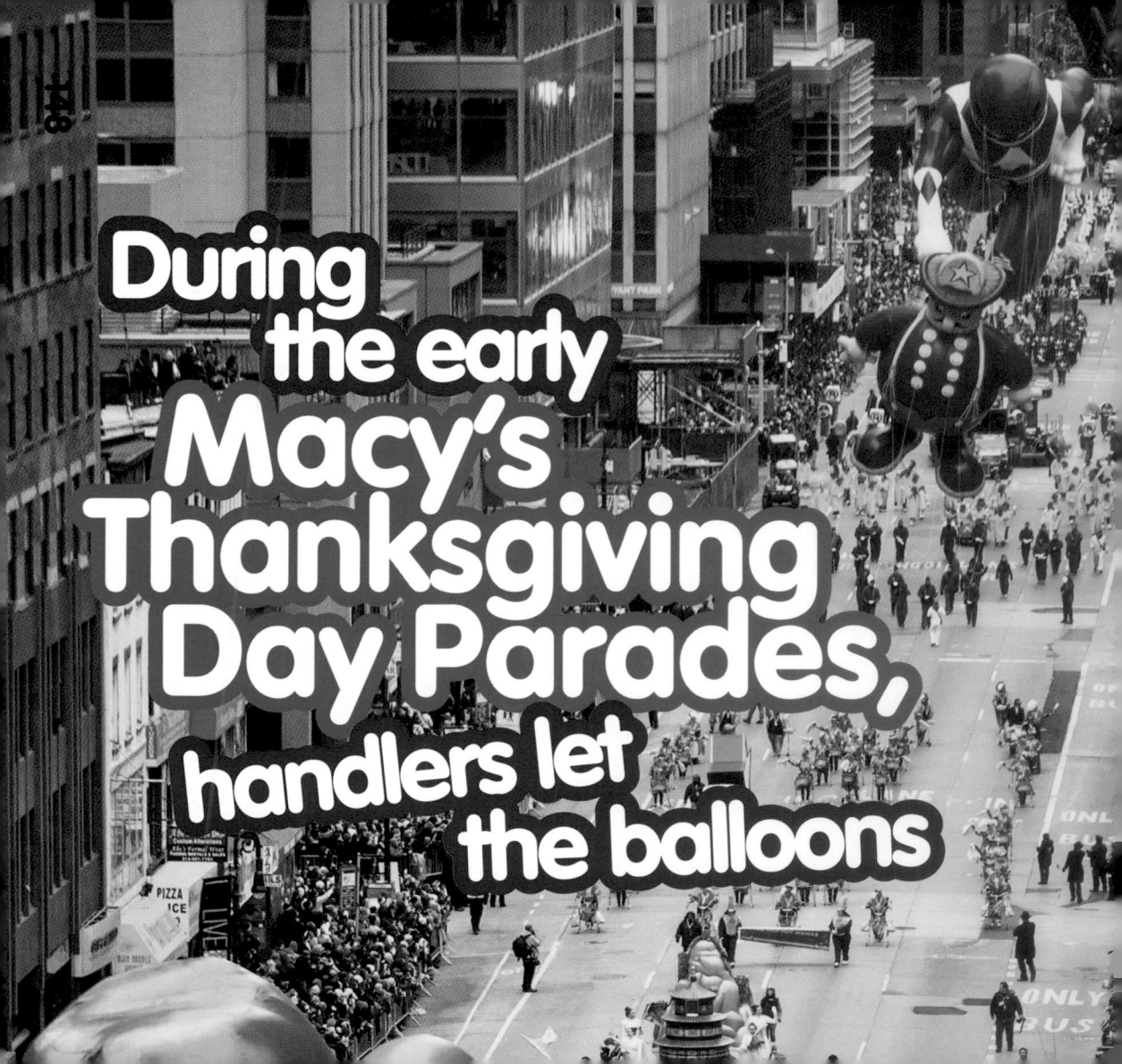
During the early Macy's Thanksgiving Day Parades, handlers let the balloons

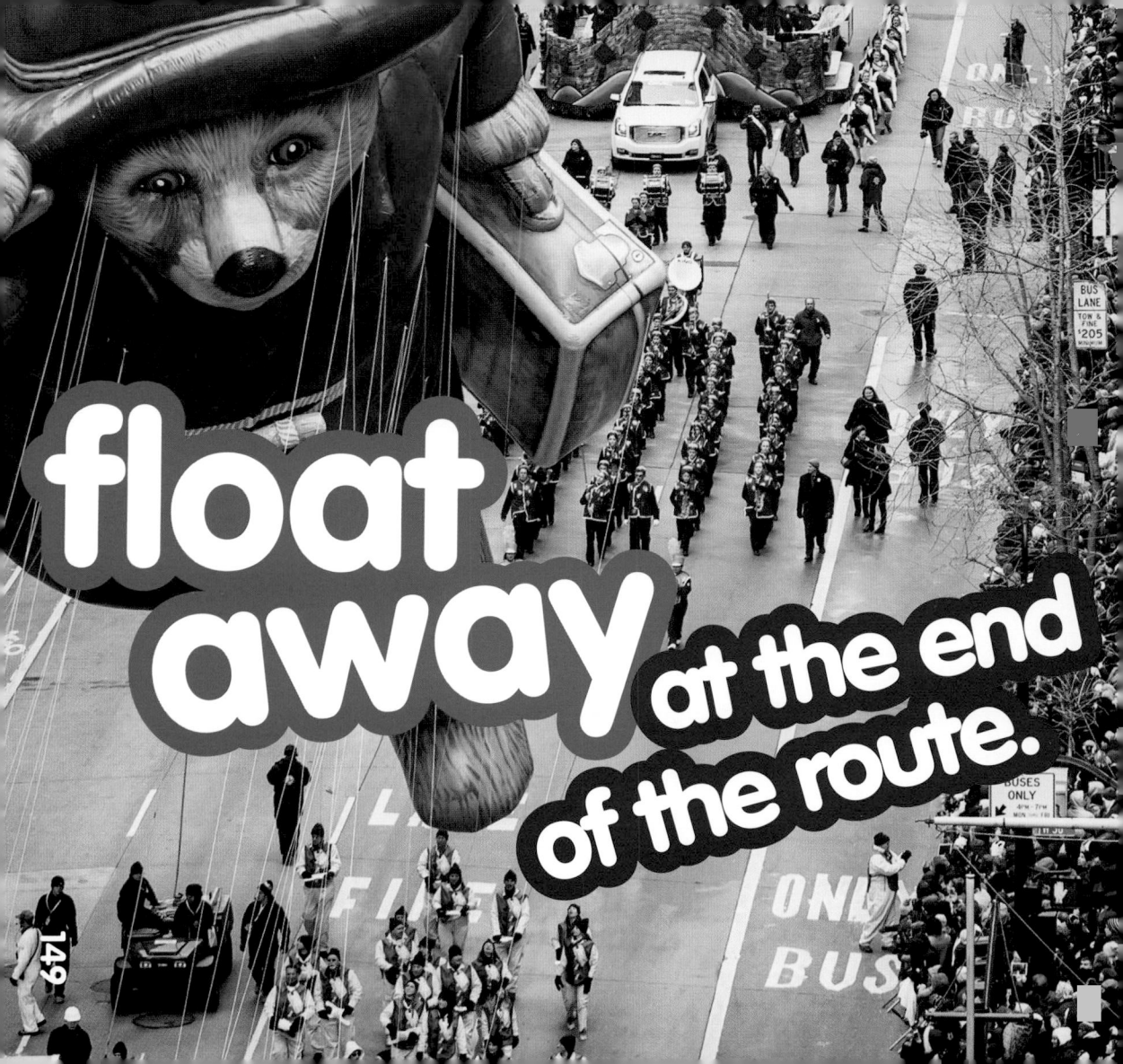


# float away at the end of the route.

If the presidents' faces on Mount Rushmore had bodies, they would stand 46 stories tall.

THE INFIELD OF THE INDIANAPOLIS MOTOR SPEEDWAY IN INDIANA COULD FIT 42 ROMAN COLOSSEUMS.

Every year, the **VALENTINE'S DAY "PHANTOM"** decorates businesses and homes in Montpelier, Vermont, with red **PAPER HEARTS.**

HAWAIIAN PIZZA WAS INVENTED BY A CANADIAN.

During World War II, performer Josephine Baker aided the Allies by writing messages in invisible ink on her sheet music.

Famous American cartoon character Scooby-Doo's full name is

The water in Yellowstone National Park's Green Dragon Spring is so hot that it boils.

LINED UP END TO END, ALL THE ROADS IN THE UNITED STATES COULD CIRCLE EARTH 160 TIMES.

"Spambassadors" show visitors around a museum devoted to

in Austin, Minnesota.

THREE BEARS BROKE INTO A COLORADO PIZZA SHOP AND WERE CAUGHT ON CAMERA EATING SALAMI AND DOUGH.

American men have a

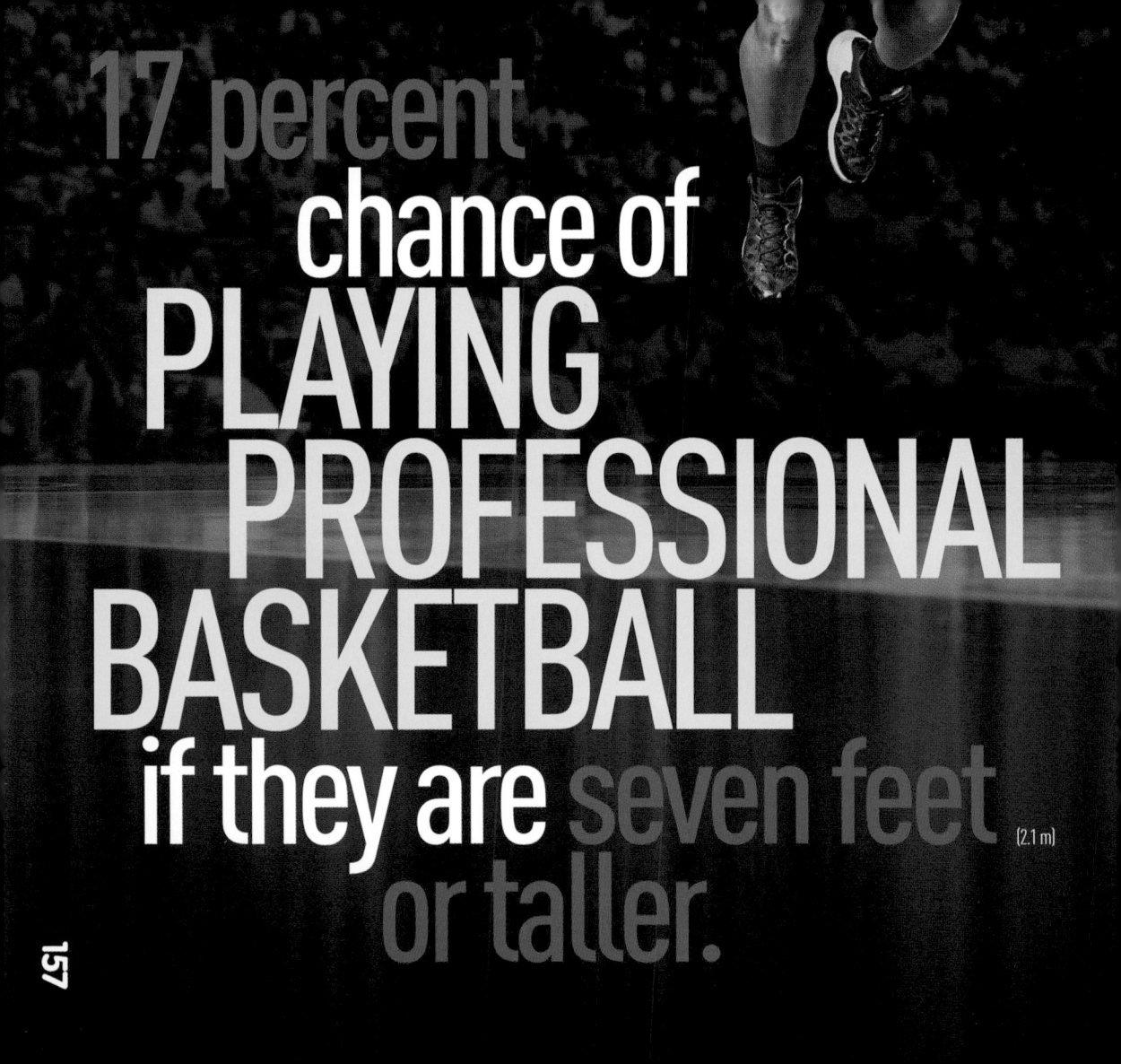
17 percent
chance of
PLAYING
PROFESSIONAL
BASKETBALL
if they are seven feet (2.1 m)
or taller.

An 11.5-foot-tall (3.5-m) **dinosaur** that roamed what is now North and South Dakota may have looked like a **giant chicken.**

Iowa is home to Snake Alley, the most crooked street in the world.

A BISCUIT IS THE MASCOT FOR A MINOR LEAGUE BASEBALL TEAM IN ALABAMA.

Minnesota was named the happiest state in the country.

According to New Jersey folklore, the **Jersey Devil** is a creature with the head of a goat, bat wings, and a forked tail.

Thomas Edison invented a **SPEAKING MACHINE** powered by the human voice.

First Lady **MICHELLE OBAMA'S** Secret Service code name was **RENAISSANCE.**

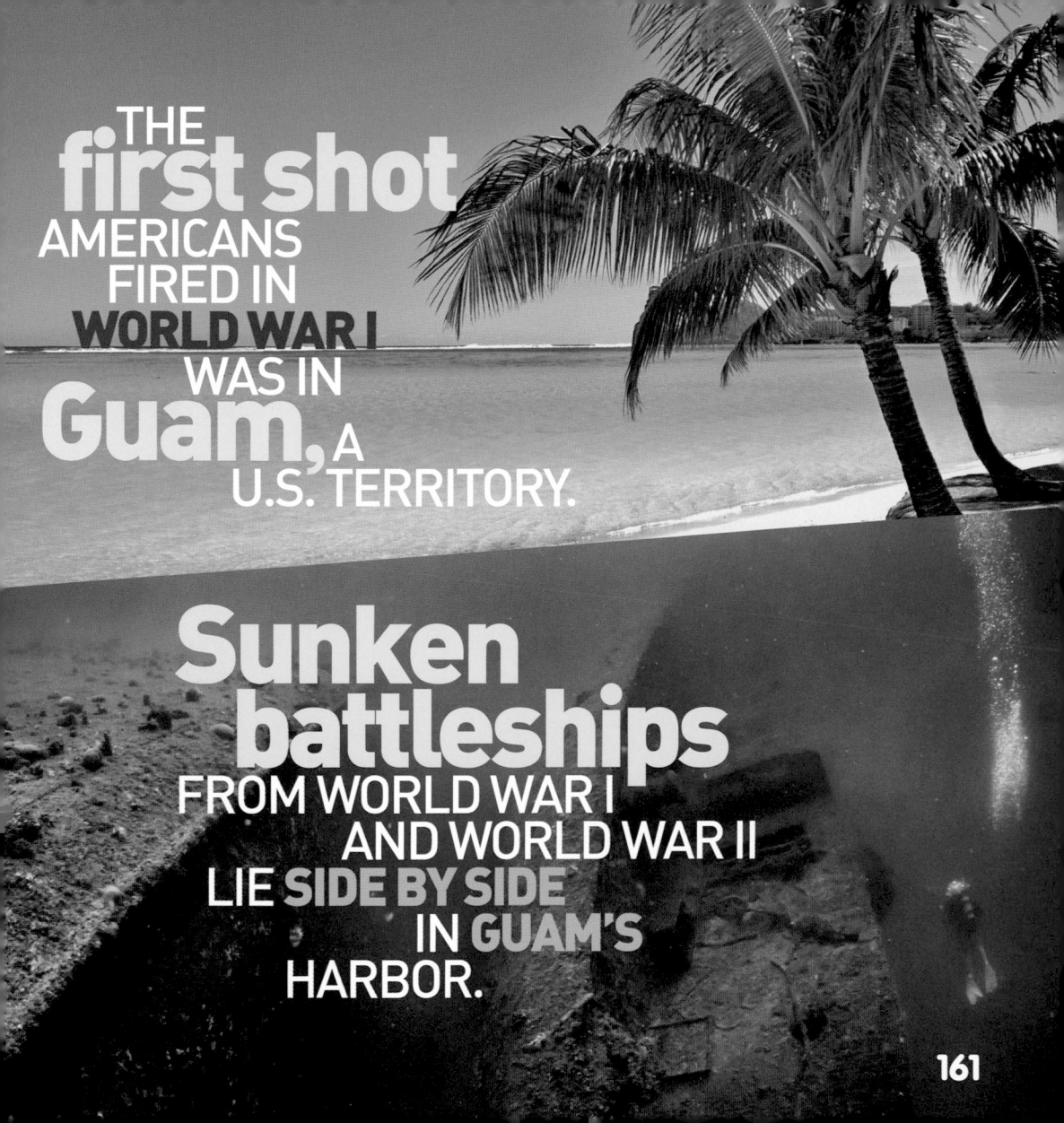

THE **first shot** AMERICANS FIRED IN **WORLD WAR I** WAS IN **Guam,** A U.S. TERRITORY.

**Sunken battleships** FROM WORLD WAR I AND WORLD WAR II LIE **SIDE BY SIDE** IN **GUAM'S** HARBOR.

A CITY PARK IN PORTLAND, OREGON, IS LOCATED ON TOP OF A DORMANT VOLCANO.

Before they take office, POLITICIANS IN KENTUCKY must pledge that they have NEVER FOUGHT IN A DUEL.

A **restaurant** in Connecticut **gives away** three **FREE BOOKS** to **every customer.**

The streetlights on Hershey, Pennsylvania's Chocolate Avenue are shaped like Hershey Kisses.

The North American short-tailed shrew paralyzes its prey with venomous saliva.

Modern fortune cookies were first served in San Francisco by a Japanese-American chef.

U.S.
astronauts'
helmets
have a piece of
Velcro
inside for
scratching
itches.

CALIFORNIA SEA OTTERS have pouches under their arms for storing rocks, which they use TO OPEN CLAMS.

I'M AS HAPPY AS A CLAM!

Corn Chips
Corn Chips
Corn Chips
Thousands of
CORN CHIP BAGS
once WASHED ASHORE
on North Carolina's
Outer Banks.

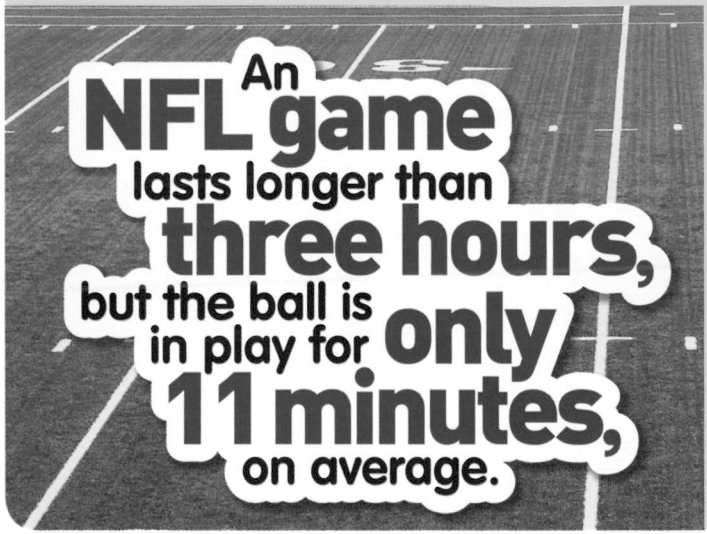
An
NFL game
lasts longer than
three hours,
but the ball is
in play for only
11 minutes,
on average.

BENJAMIN
FRANKLIN
went door-
to-door in
Philadelphia
to raise
money for
STREET
CLEANING.

There was a
STAR WARS–
themed food truck
called the
GRILLENIUM
FALCON
in Fayetteville, Arkansas.

On his midnight ride, **PAUL REVERE** didn't shout "The British are coming"—he shouted

# "THE REGULARS ARE COMING OUT."

THE MERIWETHER LEWIS AND WILLIAM CLARK

# EXPEDITION TO MAP THE AMERICAN WEST

# COST 15 TIMES MORE THAN WHAT CONGRESS BUDGETED.

Utah's Rainbow Bridge, the world's longest natural bridge, is almost as long as a football field.

MAINE PRODUCES 90 PERCENT OF THE COUNTRY'S SUPPLY OF

TOOTHPICKS.

AT A **skeleton museum** IN OKLAHOMA CITY, FLESH-EATING BEETLES ARE USED TO **clean** THE **bones.**

So many **butterflies** once migrated through Colorado that they showed up on a **weather radar map.**

**ABRAHAM LINCOLN** is the only president to have patented an **INVENTION.**

Montana's Glacier National Park has a canine "bark ranger" who helps keep wildlife away from visitors.

If you were to line up all of Idaho's rivers end to end, they would stretch longer than the width of the United States.

In about 15 million years, some experts say, earthquakes will move SAN FRANCISCO and LOS ANGELES, California, next to each other.

A 58-foot (17.7-m) STATUE OF A TERMITE in Rhode Island is 928 TIMES LARGER than the real insect.

During a hurricane, 30 flamingos at a zoo in Miami, Florida, were herded into a bathroom.
PASS THE TP, PLEASE!

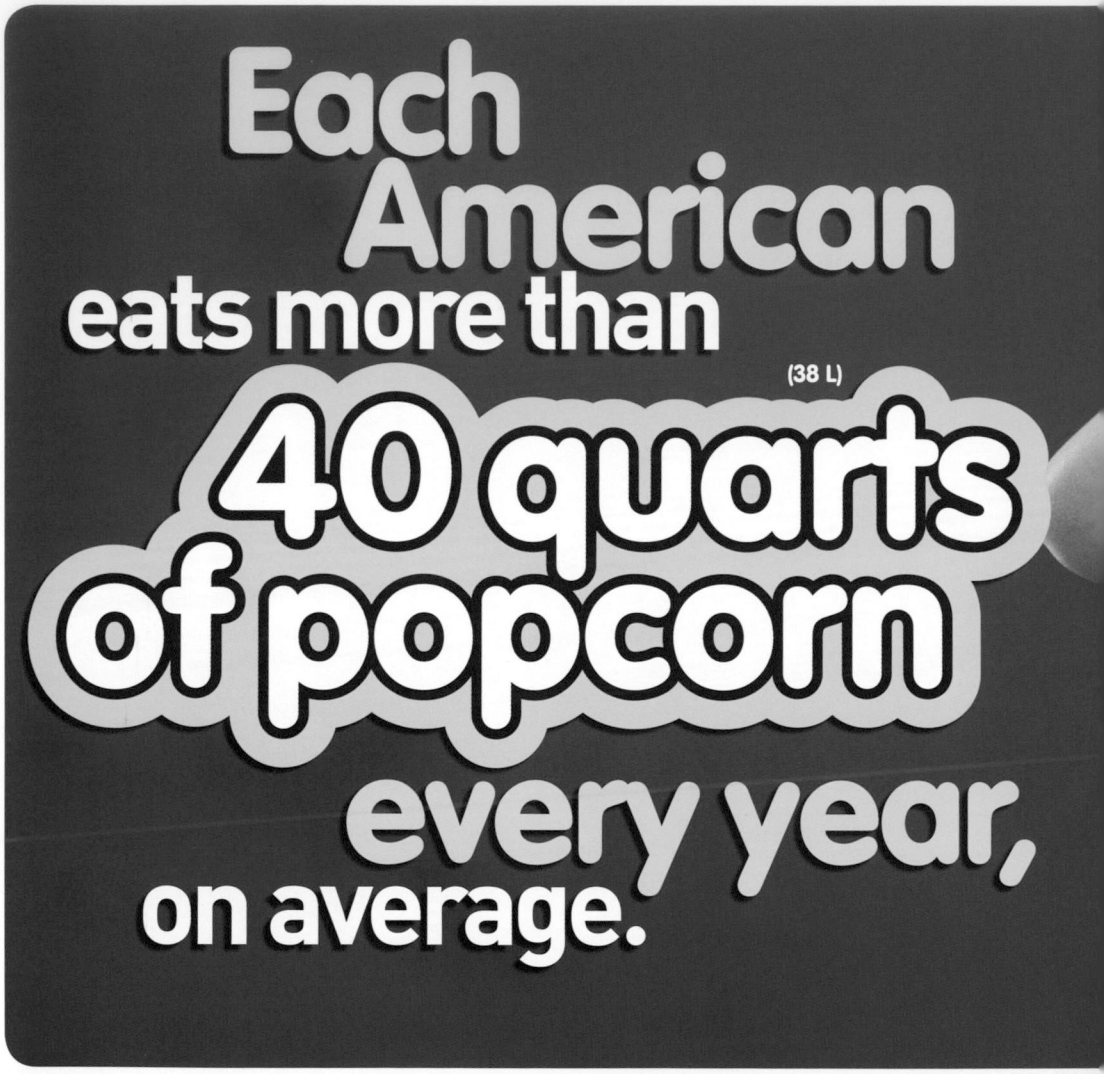
Each American
eats more than
(38 L)
40 quarts of popcorn
every year,
on average.

The first American woman to FLY A PLANE SOLO never had a FLYING LESSON.

There are more dogs than kids living in Seattle, Washington.

After many reports of alien sightings along a highway in Nevada, the state renamed it

Extraterrestrial Highway.

THE U.S. POPULATION **INCREASES BY ONE PERSON** ABOUT EVERY **14 SECONDS.**

A **GEYSER** in Yellowstone National Park is named **PUFF 'N STUFF.**

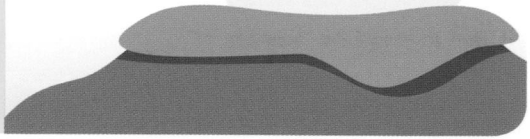

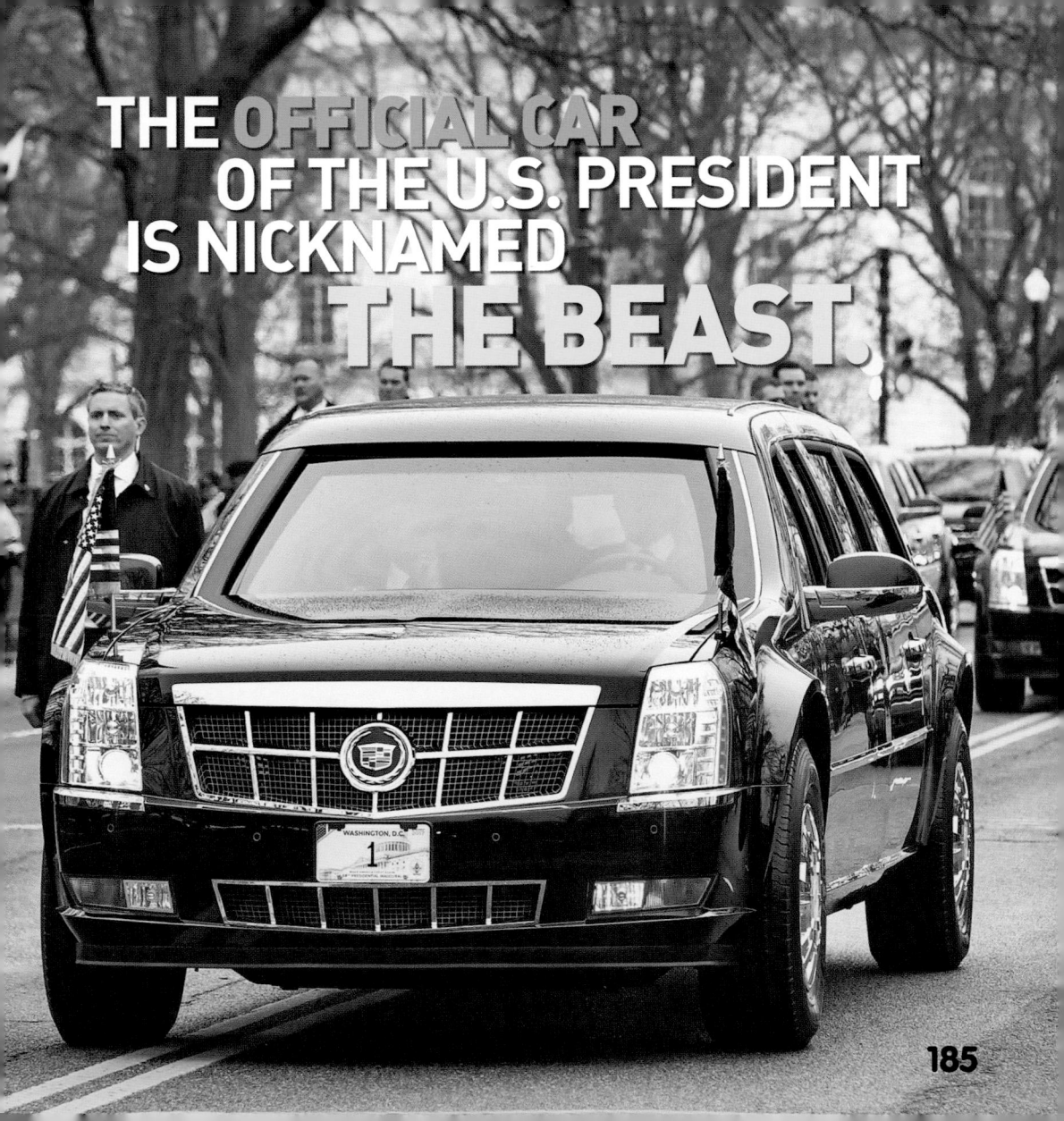


THE OFFICIAL CAR OF THE U.S. PRESIDENT IS NICKNAMED THE BEAST.

There's an
EIGHT-
HOLE
PUTTING
GREEN
at an airport in
Palm Beach,
Florida.

Massachusetts researchers created pasta that transforms into **3-D shapes** when dunked in water.

Some people in Portland, Oregon, tie **toy horses** to metal rings on curbs that were once used to secure **real horses and carriages.**

At New York City's **SEAGLASS CAROUSEL**, housed inside a glass-paneled shell, you can **RIDE ON A FIBERGLASS FISH.**

The United States **purchased Alaska** from Russia for $7.2 million—about **two cents** (0.4 ha) per square acre.

# Maine

IS THE ONLY STATE WITH A ONE-SYLLABLE NAME.

All the bookshelves in the
LIBRARY OF CONGRESS
would stretch from
DENVER,
Colorado, to
LOS ANGELES,
California.

to coat the floor of the

**GRAND CANYON.**

**A 1989 U.S. SPACE SHUTTLE MISSION ALMOST RETURNED TO EARTH BECAUSE**

**THE TOILET BROKE.**

GOOGLE employees in Chicago, Illinois, can PLAY VIDEO GAMES at work.
Over the past 100 years,
HELLO, MY NAME IS
James
HELLO, MY NAME IS
and Mary
have been the MOST POPULAR BABY NAMES in the United States.

JOUSTING
is
Maryland's
official
STATE
SPORT.

IN 1893, A CONGRESSMAN PROPOSED RENAMING THE U.S.A. THE "UNITED STATES OF EARTH."

President **CALVIN COOLIDGE** sometimes **HID UNDER HIS DESK** to confuse his bodyguards.

A former NASA engineer built a **squirt gun** that can cut through a **watermelon.**

A pencil sharpener museum in Ohio has more than 3,400 sharpeners.

THERE ARE MORE MILES OF PAVED ROADS IN THE

Immigrants to **Ellis Island, New York,** were often **served ice cream** as part of their **first American meal.**

THERE ARE
50 TIMES
MORE
CHICKENS
THAN HUMANS
IN DELAWARE.
SO MANY PEEPS!

DURING
**BRIDGE DAY**
IN WEST VIRGINIA,
**HUNDREDS OF PEOPLE**
**PARACHUTE**
FROM THE
**875-FOOT-TALL** (267-m)
NEW RIVER GORGE BRIDGE.

**YOU CAN EAT DINNER IN A CAVERN**
**21 stories**
**BENEATH THE EARTH'S SURFACE IN ARIZONA.**

**A house in Rockport, Massachusetts, is built out of newspapers.**

## FACTFINDER

**Boldface** indicates illustrations.


### A

Agriculture 55, **55,** 142, **142**
Airplanes 67, **67,** 182, **182**
Airports 23, **23,** 115, **115,** 186, **186**
Alabama 68, **68,** 159, **159**
Alaska
  diapers 91, **91**
  distance to Russia 7, **7**
  purchase price 188
  size 8, **8**
  transportation 132, **132**
  typing state name 114, **114**
Albany, New York 141
Aldrin, Buzz 104, **104**
Algonquian language 78
Alien sightings 37, 74–75, **74–75,** 183
Alligators **4,** 4–5, 30–31, **30–31**
"America the Beautiful" (song) 21
American bullfrogs 38, **38**
American flag 29, **29,** 147, **147**
American Revolutionary War 55, **55,** 132, **132**
American Samoa 60, 143, **143**
Apollo 10 lunar module 24, **24**
Arizona 41, 146, **146,** 199, **199**
Arkansas 60, **60,** 169
Arthur, Chester A. 53
Asheville, North Carolina 56–57, **56–57**
Astronauts 6, **6,** 104, **104,** 165, **165**
Atlanta, Georgia 23, **23**
Atoms 91, **91**
Aurora borealis 68, **68**
Austin, Minnesota 155

### B

Baby names 192
Baker, Josephine 152
Bald eagles 3, **3**
Balloons 148–149, **148–149**
Baseball 121, 159, **159**
Basketball 41, **41,** 156–157, **156–157**
Batman 69, **69**
Bears 155, **155**
Beetles, flesh-eating 174, **174**
Berlin Wall 138, **138**
Bigfoot 112, **112**
Biking 132, **132**
Biltmore Estate, North Carolina 56–57, **56–57**
Biscuit, as mascot 159, **159**
Black cow (root beer float) 20, **20**
Blue crayons 136, **136**
Books 80, **80,** 126, **126,** 163, **163,** 190, **190**
Boston, Massachusetts 12, **12,** 51, **51,** 138
Bread 133, **133**
Breakfast 87, **87**
Bridge Day, West Virginia 199, **199**
Broccoli 67, **67**
Bullfrogs 38, **38**
Burgoo (stew) 138, **138**
Bush, George H. W. 67, 102, **102**
Butter 24, **24**
Butterflies 175, **175**

### C

Calcium 65
California
  earthquakes 178
  fortune cookies 164, **164**
  Hollywood sign 170, **170**
  Los Angeles 21, **21,** 41, **41,** 58, **58,** 178
  Miss American Vampire 109
  Mono Lake 54, **54**
  official state dinosaur 119, **119**
  official state fabric 144, **144**
  rabbit playing basketball 41, **41**
  San Andreas Fault 39, **39**
  San Francisco **106–107,** 107, 164, **164,** 178
  sea otters 166–167, **166–167**
  solar cells 83
  trees 42–43, **42–43,** 59, **59**
  UFO sightings 74, **74–75**
Camels 96, **96**
Candy **7,** 108, **108**
*Captain EO* (movie) 126
Cars 21, 109, **109,** 185, **185**
  *see also* Roads
Cartoons 152
Carver, George Washington 63, **63**
Casey, Illinois 34–35, **34–35**
Cats 9, **9**
Caves 52–53, **52–53,** 81, **81,** 199, **199**
Cheeseburger-shaped motorcycle 145, **145**
Chicago, Illinois 116–117, **116–117,** 134–135, **134–135,** 192
Chicken nuggets 113, **113**
Chickens 198, **198**
Chocolate factories 72, **72**
Christmas trees 98, **98**
Civil War, U.S. 125, **125**
Clark, William 171
Clinton, Bill 143
Coffee beans 55, **55**
Colonial America 7, **7,** 95, **95,** 176
Colorado
  butterflies 175, **175**
  cats 9, **9**
  dinosaurs 89, **89**
  State Fair 67, **67**
  UFO watchtower 37

Columbus, Christopher 132
Connecticut 17, **17**
Coolidge, Calvin 195
Corn chip bags 168, **168**
Corn mazes **110–111,** 111
Corn Palace, South Dakota 131, **131**
Cows **10–11,** 11
Crab apples 69, **69**
Cracker Jacks 60
Crayons 136, **136,** 142
Crocodiles 30–31, **30–31**
Cumberland Falls, Kentucky 139, **139**

## D

Dancing 30
Darth Vader 70, **70**
Declaration of Independence 138
Delaware 198, **198**
Denim 144, **144**
Devils Tower, Wyoming 61, **61**
Diamonds 60, **60**
Diapers 91, **91**
Dinosaurs
  California 119, **119**
  Colorado 89, **89**
  discovery of 137, **137**
  giant chicken 158, **158**
  skeleton 134–135, **134–135**
Disney, Walt 119
Disney parks 29, **29,** 126
Dodo birds 143, **143**
Dogs
  Amelia Earhart's 24, **24**
  as "bark ranger" 177, **177**
  beagle-shaped hotel 80, **80**
  on Cracker Jack box 60
  highest jumper **48,** 49
  longest tongue 32, **32**
  as mayor 127, **127**
  Seattle, Washington 183, **183**
  shooing away birds 115, **115**
  on social media 143, **143**
  World War I 130–131, **130–131**
Duck-billed dinosaurs 119, **119**
Dynamite 58, **58**

## E

Eagles 3, **3**
Earhart, Amelia 24, 163, **163**
Earthquakes 68, 178
Edison, Thomas 160, 176
Electricity 83
Ellis Island, New York 197
Email 143
Energy 83, 102, **102**
English muffins 25, **25**
Extraterrestrial Highway, Nevada 183

## F

Factories 72, **72,** 128–129
Farming 55, **55,** 142, **142**
Fayetteville, Arkansas 169
Fenway Park, Boston, Massachusetts 12, **12**
Findlay, Illinois 46, **46**
Fireflies 109
Fish 125, **125**
Flags 29, **29,** 55, **55,** 147, **147**
Flamingos 122–123, **122–123,** 179, **179**
Flesh-eating beetles 174, **174**
Flies **82,** 83
Florida
  airport golf 186, **186**
  alligators and sharks **4,** 4–5
  cheeseburger-shaped motorcycle 145, **145**
  flatness 21, **21**
  highest jumping dog **48,** 49
  hurricanes 179
Flowers 76, **76**
Fog **106–107,** 107
Food
  bad pickles 17, **17**
  biscuit, as mascot 159, **159**
  broccoli 67, **67**
  burgoo (stew) 138, **138**
  candy 7, **7,** 108, **108**
  cheeseburger-shaped motorcycle 145, **145**
  chocolate factories 72, **72**
  corn **131**
  corn chip bags 168, **168**
  Cracker Jacks 60
  English muffins 25, **25**
  fortune cookies 164, **164**
  fried butter balls 24, **24**
  hamburgers 89, **89**
  Hawaiian pizza 152, **152**
  hot dogs 92, **92**
  ice cream 26–27, **26–27,** 197, **197**
  Jell-O 62, **62**
  Kool-Aid 119
  maple syrup 64–65, **64–65**
  onion nuggets 79, **79**
  oranges 137, **137**
  pasta 187, **187**
  peach-shaped water tower 78, **78**
  peanut brittle 125, **125**
  peanut butter 191, **191**
  peanut butter and jelly sandwiches 114, **114**
  pie 87, **87,** 95, **95**
  pizza 47, **47**
  popcorn 180, **180–181**
  popcorn balls **128,** 128–129
  potatoes 23, **23**
  root beer floats 20, **20**
  Russian salad dressing 90, **90**
  sliced bread 133, **133**
  Spam 155, **155**

Squirrel Nut Zippers 77, **77**
streetlights shaped like Hershey Kisses 164, **164**
tomato juice 22, **22**
Twinkies 93, **93**
Football 168, **168**
Ford, Henry 176
Fort Fairfield, Maine 77, **77**
Fortune cookies 164, **164**
Fossils 96, **96**
*see also* Dinosaurs
Fourth of July 14, 45, **45, 74–75,** 75
Franklin, Benjamin 168, **168**
Frogs 38, **38**

## G

Gaffney, South Carolina 78, **78**
Gardens 12, **12**
Gargoyles 70, **70**
General Sherman (tree), California 42–43, **42–43**
Georgia 23, **23,** 86, **86**
Geysers 184
Ghost fireflies 109
Ghosts 50, **50**
Giant sequoia trees 59, **59**
Glacier National Park, Montana 177, **177**
Glenn, John 143
Goats 46, **46**
Golf 77, **77,** 186, **186**
Golf balls, exploding 38, **38**
Google 72, 192
Grasshopper mice 124, **124**
Greater prairie chickens 66, **66**
Green Bay, Wisconsin 140
Greyhounds **48,** 49
Guam 161, **161**

## H

Hamburgers 89, **89**
Happiness 159, **159**
Harrison, William Henry 137
Hawaii 16, **16,** 55, **55,** 125, **125**
Hawaiian pizza 152, **152**
Hershey, Pennsylvania 164, **164**
Hip-hop music 145, **145**
Hippos **129**
Hollywood sign 170, **170**
Hoover Dam 85, **85,** 120
Horses 187, **187**
Hot dogs 92, **92**
Hotel, beagle-shaped 80, **80**
Houses 56–57, **56–57,** 199
Houston, Texas 137
Humuhumunukunukuāpuaʻa (fish) 125, **125**
Hurricanes 179

## I

Ice cream 26–27, **26–27,** 197, **197**
Idaho 13, 80, **80,** 178
Illinois
atom-splitting 91, **91**
Google employees 192
large statues 34–35, **34–35**
Leaning Tower of Pisa 63, **63**
popcorn ball **128,** 128–129
*T. rex* 134–135, **134–135**
tower for goats 46, **46**
Tribune Building 116–117, **116–117**
world records 114, **114**
Immigrants 197
Independence Day 14, 45, **45, 74–75,** 75
Indiana 151, **151**
Indianapolis Motor Speedway 151, **151**
Ink, invisible 152, **152**
Ink, magnetic 95, **95**
Iowa 13, 159, **159**

## J

Jell-O 62, **62**
Jersey Devil 160, **160**
Jousting 193, **193**

## K

Kansas 125
Kentucky 89, **89,** 127, **127,** 138–139, **138–139,** 162
Kool-Aid 119

## L

Lakes 68, 105, **105**
Languages, in New York City 22
Las Vegas, Nevada 138, **138**
Lava rocks 16, **16**
Leaning Tower of Pisa model, Illinois 63, **63**
Lego bricks 92, **92**
Lewis, Meriwether 171
Liberty Bell 32, **32,** 92, **92**
Library book, overdue 80, **80**
Library of Congress 126, **126,** 190, **190**
Lightning rods **100–101,** 101
Lincoln, Abraham 53, 84, 97, **97,** 176
Lobster shells 90, **90**
Lone Ranger 88
Longview, Washington 44
Los Angeles, California 21, **21,** 41, **41,** 58, **58,** 178
Louisiana 9, **9**
Lunar module 24, **24**
Lunch boxes 71, **71**

## M

Macy's Thanksgiving Day Parade 148–149, **148–149**
Madison, Wisconsin 122–123, **122–123**

Maine 22, **22,** 77, **77,** 174, **174,** 189
Mall of America, Minnesota 9
Maple syrup 64–65, **64–65**
Maryland 193, **193**
Massachusetts
  Declaration of Independence 138
  exploding golf balls 38, **38**
  Fenway Park, Boston 12, **12**
  newspaper house 199
  pasta 187, **187**
  Squirrel Nut Zippers 77, **77**
  stained-glass globe 51, **51**
McDonald's 79, **79,** 99, **99**
McKinley, William 118
McNally Plaza, New York City 105
Meteorites 146, **146**
Metro, Washington, D.C. 6, **6**
Miami, Florida 179, **179**
Mice 124, **124**
Michigan 115, **115,** 144, **144**
Mickey Mouse 119
Milk 65, **65**
Minnesota 9, 105, **105,** 155, **155,** 159, **159**
Miss American Vampire 109
Mississippi River 46
Missouri 13
Mitchell, South Dakota 131, **131**
Money 85, **85,** 95, **95**
Mono Lake, California 54, **54**
"Monster truck" molecules 86, **86**
Montana **10–11,** 11, 68, 137, **137,** 177, **177**
Montpelier, Vermont 151, **151**
Moon landings 6, **6,** 24, **24**
Moonbows 139, **139**
Moss, diapers from 91, **91**
Motorcycle, cheeseburger-shaped 145, **145**
Mounds, prehistoric 36, **36–37**
Mount Rushmore, South Dakota 58, 150, **150**
Movies 16, **16**
Mudfest, Louisiana 9, **9**
Museums
  pencil sharpeners 196, **196**
  skeletons 174, **174**
  Spam 155, **155**
  *T. rex* skeleton 134–135, **134–135**
  toilet-seat art 79, **79**
Music, hip-hop 145, **145**

## N

Names, popular 192
NASA 73, **73,** 126, **126**
Nashville, Tennessee 69, **69**
National Cathedral, Washington, D.C 70, **70**
Native American legends 61
Nebraska 88, **88,** 119
Nevada 138, **138,** 183
New Hampshire 90, **90**
New Jersey 113, **113,** 160, **160**
New Mexico 13, **13,** 21, **21,** 96, **96**
New River Gorge Bridge, West Virginia 199, **199**
New York (state)
  Cave of the Evil Spirit 81, **81**
  Ellis Island 197
  English muffins 25, **25**
  toilet paper 141
New York City
  dog on social media 143, **143**
  hip-hop music 145, **145**
  languages spoken 22
  libraries 80, **80**
  Macy's Thanksgiving Day Parade 148–149, **148–149**
  McNally Plaza 105
  parking spots 40, **40**
  Seaglass Carousel 188, **188**
  Yankee Stadium 9
Newspaper house, Rockport, Massachusetts 199
NFL 168, **168**
Niagara Falls, New York-Ontario 81, **81**
Nixon, Richard 28, **28**
North American short-tailed shrew 164, **164**
North Carolina 45, **45,** 56–57, **56–57,** 168, **168**
North Dakota 71, **71,** 137, **137,** 142, **142,** 158, **158**

## O

Obama, Barack 113, **113**
Obama, Michelle 160, **160**
Ohio 22, **22,** 36, **36–37,** 86, **86,** 196, **196**
"OK" 32
Oklahoma 174, **174**
Opossums 84, **84**
Oranges, monument to 137, **137**
Oregon
  Christmas trees 98, **98**
  Great Salt Lick contest 102, **102**
  park on dormant volcano 162
  Portland's name 120
  Thor's Well (cave) 52–53, **52–53**
  toy horses 187, **187**
Organ Mountains, New Mexico 96, **96**
Otters 166–167, **166–167**
Outer Banks, North Carolina 45, **45,** 168, **168**

## P

Pacific Ocean 52–53, **52–53**
Paint 99, **99**
Palm Beach, Florida 186, **186**
Palmetto trees 132, **132**
Parachuting 199, **199**

Parades 148–149, **148–149**
Parrots 118, **118**
Pasta 187, **187**
Peach-shaped water tower 78, **78**
Peanut brittle 125, **125**
Peanut butter 191, **191**
Peanut butter and jelly sandwiches 114, **114**
Peanuts 63, **63**
Pencil sharpener museum, Ohio 196, **196**
Pennsylvania 32, **32,** 131, **131,** 164, **164,** 168, **168**
Pets 102, 118, **118**
Philadelphia, Pennsylvania 168, **168**
Phoenix, Arizona 41
Photography 104, **104**
"Photoshopping" 97, **97**
Pies 87, **87,** 95, **95**
Pigs 86, **86**
Pinecones 22, **22**
Pittsburgh, Pennsylvania 131, **131**
Pizza 47, **47,** 152, **152**
Pledge of Allegiance 59
Point Roberts, Washington 17, **17**
Polk, James K. 30
Polk, Sarah 30, **30**
Popcorn 180, **180–181**
Popcorn balls **128,** 128–129
Population increase 184
Portland, Oregon 120, 162, 187, **187**
Post offices 17, **17,** 144, **144**
Potato McTater (dog) 143, **143**
Potatoes 7, **7,** 23, **23**
Presidents
  Arthur, Chester A. 53
  Bush, George H. W. 67, **67,** 102, **102**
  Clinton, Bill 143
  Coolidge, Calvin 195
  deaths 14
  Harrison, William Henry 137
  Lincoln, Abraham 53, 84, 97, **97,** 176
  McKinley, William 118
  Mount Rushmore 150, **150**
  Nixon, Richard 28, **28**
  Obama, Barack 113, **113**
  official car 185, **185**
  Polk, James K. 30
  Roosevelt, Franklin D. 37
  Van Buren, Martin 32
  from Virginia 15
  Washington, George 80
Presley, Elvis 28, **28,** 31
Puerto Rico 94, **94**

## R

Rabbit Hash, Kentucky 127
Rabbits 41, **41**
Rainbow Bridge, Utah **172–173,** 173
Reeves, Bass 88, **88**
Restaurants
  bears in pizza shop 155, **155**
  in cavern 199, **199**
  five-pound hamburger 89, **89**
  giving away books 163, **163**
  McDonald's 79, **79,** 99, **99**
  Star Wars food truck 169
Revere, Paul 170
Revolutionary War 55, **55,** 132, **132**
Rhode Island 109, **109,** 178, **178**
Rivers, Idaho 178
Roadrunners 13, **13**
Roads
  combined length of 154
  Extraterrestrial Highway 183
  paved 196–197, **196–197**
  Rhode Island 109, **109**
  Snake Alley 159, **159**
  Virgin Islands 99, **99**
Rockport, Massachusetts 199
Roller coasters 29, **29**
Roosevelt, Eleanor 163, **163**
Roosevelt, Franklin D. 37
Root beer floats 20, **20**
Rushmore, Mount, South Dakota 58, 150, **150**
Russia, distance from Alaska 7, **7**
Russian salad dressing 90, **90**

## S

Sailing, to Idaho 13
Salamanders 50, **50**
Salt licks 102, **102**
San Andreas Fault, California 39, **39**
San Antonio, Texas 79, **79**
San Francisco, California **106–107,** 107, 164, **164,** 178
San Luis Valley, Colorado 37
Scooby-Doo 152
Sea otters 166–167, **166–167**
Seattle, Washington **100–101,** 101, 183, **183**
Selfies, space "selfie" 104, **104**
Sequoia trees 59, **59**
Settlers 96, **96**
Sewing machines 160
Sharks 4–5
Shrews 164, **164**
Skeleton museum, Oklahoma City 174, **174**
Skunks 78, **78**
Skydiving 102, **102**
Smiley face emoticon 131, **131**
Snake Alley, Iowa 159, **159**
Soda pop 58, **58**
Solar cells 83
South Carolina 33, **33,** 78, **78,** 132, **132**
South Dakota
  Corn Palace, Mitchell 131, **131**
  dinosaurs 137, **137,** 158, **158**

dogs 32, **32**
Mount Rushmore 58, 150, **150**
Soybeans 142, **142**
Space exploration
astronauts' helmets 165, **165**
broken toilet 191
moon landing 6, **6,** 24, **24**
space "selfie" 104, **104**
space shuttles 73, **73,** 191
Space Needle, Seattle, Washington **100–101,** 101
Spam 155, **155**
Squirrel Nut Zippers (treat) 77, **77**
Squirrels 44, **44**
Squirt guns 195
Stadiums 9, 12, **12**
Stained-glass globe, Boston, Massachusetts 51, **51**
Stamps 88, **88**
Star Wars–themed food truck, Arkansas 169
State fairs 67, **67,** 71, **71,** 86, **86**
*Stegomastodon* 96, **96**
Stubby (dog) 130–131, **130–131**
Superior, Lake 47
Superman lunch boxes 71, **71**

## T

Telescopes 94, **94**
Television 147, **147**
Tennessee 69, **69**
Termites 178, **178**
Texas
dust from 105
size compared to Alaska 8, **8**
toilet-seat art museum 79, **79**
tornadoes 19
wind farm 102, **102**
Woolly Booger 112, **112**
Thanksgiving Day Parade, New York City 148–149, **148–149**
Theme parks 29, **29,** 126
Thor's Well, Oregon 52–53, **52–53**
Time zones 145, **145**
Toilet paper 140–141, **140–141**
Toilet-seat art museum 79, **79**
Toilets, on space shuttle 191
Tomato juice 22, **22**
Tooth-billed pigeon 143, **143**
Toothpicks 174, **174**
Tornadoes 18–19, **18–19**
*Torosaurus* 89, **89**
Trees
California 42–43, **42–43,** 59, **59**
Oregon 98, **98**
South Carolina 33, **33,** 132, **132**
Tribune Building, Chicago, Illinois 116–117, **116–117**
Trilobites **110–111,** 111
Twinkies 93, **93**
*Tyrannosaurus rex* 134–135, **134–135**

## U

UFO sightings 37, 74–75, **74–75,** 183
United States, name of 194
University of Chicago 91, **91**
U.S. Senate 108, **108**
Utah 62, **62, 172–173,** 173

## V

Valentine's Day 151, **151**
Van Buren, Martin 32
Vegetable gardens 12, **12**
Velcro 165, **165**
Vermont 64–65, **64–65,** 151, **151**
Video games 192
Virgin Islands 99, **99**
Virginia 15, 84, **84**
Virginia opossums 84, **84**
Volcanoes 162

## W

Washington 17, **17,** 44, **100–101,** 101, 183, **183**
Washington, D.C.
Metro system 6, **6**
National Cathedral 70, **70**
White House 30, 53, 99, **99**
Washington, George 80
Water flow and supply 46, 47, 120
Water towers 63, **63,** 78, **78**
Watermelon races 71, **71**
Watermelons 195
West Virginia 199, **199**
Western exploration 96, **96,** 171
White House, Washington, D.C. 30, 53, 99, **99**
White pinecones 22, **22**
Wildflowers 76, **76**
Wind farms 102, **102**
Wisconsin **110–111,** 111, 122–123, **122–123,** 140
Women, flying solo 182, **182**
*The Wonderful Wizard of Oz* 125
World War I 130–131, **130–131,** 161, **161**
World War II 93, **93,** 133, **133,** 152, **152,** 161, **161**
Wrestling 53
Wyoming 61, **61**

## Y

"Yankee Doodle" (song) 118
Yankee Stadium, New York City 9
Yellowstone National Park 153, 184

## Z

Zoos 179, **179**

Copyright © 2019 National Geographic Partners, LLC

Published by National Geographic Partners, LLC. All rights reserved. Reproduction of the whole or any part of the contents without written permission from the publisher is prohibited.

Since 1888, the National Geographic Society has funded more than 12,000 research, exploration, and preservation projects around the world. The Society receives funds from National Geographic Partners, LLC, funded in part by your purchase. A portion of the proceeds from this book supports this vital work. To learn more, visit natgeo.com/info.

NATIONAL GEOGRAPHIC and Yellow Border Design are trademarks of the National Geographic Society, used under license.

For more information, visit nationalgeographic.com, call 1-877-873-6846, or write to the following address:

National Geographic Partners
1145 17th Street N.W.
Washington, D.C. 20036-4688 U.S.A.

Visit us online at nationalgeographic.com/books

For librarians and teachers: ngchildrensbooks.org

More for kids from National Geographic: natgeokids.com

For information about special discounts for bulk purchases, please contact National Geographic Books Special Sales: specialsales@natgeo.com

For rights or permissions inquiries, please contact National Geographic Books Subsidiary Rights: bookrights@natgeo.com

Designed by Chad Thomlinson

Library of Congress Cataloging-in-Publication Data

Names: National Geographic Kids (Firm), issuing body.
Title: USA/by National Geographic Kids.
Other titles: United States of America
Description: Washington, DC : National Geographic Kids, 2019. | Series: Weird but true | Includes index.
Identifiers: LCCN 2018031436| ISBN 9781426333712 (pbk.) | ISBN 9781426333729 (hardcover)
Subjects: LCSH: United States--Miscellanea--Juvenile literature.
Classification: LCC E180 .W45 2019 | DDC 973--dc23
LC record available at https://lccn.loc.gov/2018031436

The publisher would like to thank Julie Beer, researcher; Michelle Harris, researcher; Grace Smith, project manager; Paige Towler, project editor; Kathryn Robbins, art director; Hillary Leo, photo editor; Sarah J. Mock, senior photo editor; Alix Inchausti, production editor; and Anne LeongSon and Gus Tello, production assistants.

Printed in China
22/PPS/3

# PHOTO CREDITS

Front cover (hat), Nerthuz/Getty Images; (eagle), Eric Isselee/iStockphoto; Spine, Daboost/Shutterstock; 2 (UP), Nerthuz/Getty Images; 2 (LO), EyeWire Images/iStockphoto; 4, Sue Newcomb/Shutterstock; 6, Praisaeng/Shutterstock; 6 (inset), NASA/JSC; 7 (UP), Edward Westmacott/Shutterstock; 7 (LO), Magic Vector Creation/Shutterstock; 9, Andrey_Kuzmin/Shutterstock; 10-11, Birkir Asgeirsson/Shutterstock; 12, Elise Amendola/AP/REX/Shutterstock; 13, Konrad Wothe/Minden Pictures; 14 (UP), EgudinKa/Shutterstock; 15, vladimir/ Shutterstock; 16 (LE), Serg64/Shutterstock; 16 (RT), Rtstudio/Shutterstock; 17 (UP), pio3/Shutterstock; 17 (LO), FabrikaSimf/Shutterstock; 18-19, Cammie Czuchnicki/Shutterstock; 20, Timothy OLeary/Shutterstock; 21 (UP), Nikolina/ Shutterstock; 21 (LO), Torsten Krueger/Shutterstock; 22 (UP LE), Salama/ Shutterstock; 22 (LO LE), Mint Images Limited/Alamy Stock Photo; 22 (RT), Africa Studio/Shutterstock; 23, joyfull/Shutterstock; 24, Lew Robertson/Getty Images; 25, Robyn Mackenzie/Shutterstock; 26-27, M. Unal Ozmen/iStockphoto; 27 (LE), Niik Leuangboriboon/Shutterstock; 27 (CTR LE), M. Unal Ozmen/Shutterstock; 27 (CTR RT), unpict/Shutterstock; 28, National Archive/Newsmakers/Getty Images; 29, Lightix/Shutterstock; 30 (UP), Eric Isselee/Shutterstock; 30 (LO), Caldecott, Randolph (1846-86)/Lebrecht Music Arts/Bridgeman Images; 31 (UP), eddo/Shutterstock; 31 (LO), Vereshchagin Dmitry/Shutterstock; 32 (UP LE), ZUMAPRESS/Newscom; 32 (UP RT), flySnow/Getty Images; 33, Pat Canova/ Alamy Stock Photo; 34-35 (all), Courtesy Town of Casey, Illinois; 36-37, Richard A. Cooke/Getty Images; 38 (UP), Dan Thornberg/Shutterstock; 38 (LO), Thomas Marent/Minden Pictures; 39, Stocktrek/Getty Images; 40, Ludovic Marin/AFP/ Getty Images; 41, Shai (Asor) Lighter; 42-43, haveseen/Shutterstock; 44, Anton Chernenko/Shutterstock; 45 (UP), Jaroslaw Kilian/Shutterstock; 45 (LO), cassstraubphoto/Getty Images; 46 (LE), Marcia and David Johnson; 46 (RT), greenland/Shutterstock; 47, adidas4747/Shutterstock; 48, Mitchell Zachs/ ZUMAPRESS/Newscom; 50, Gary Meszaros/Getty Images; 51, Karen Kasmauski/ Getty Images; 52, Silvrshootr/Getty Images; 53, vasiliy/Shutterstock; 54, George Lamson/Shutterstock; 55 (UP), Mario Tama/Getty Images; 55 (LO), GCapture/ Shutterstock; 56-57, Danita Delimont/Alamy Stock Photo; 58, Evgeny Karandaev/ Shutterstock; 59, Candia Baxter/Shutterstock; 61, powerofforever/Getty Images; 62 (UP), Shebeko/Shutterstock; 62 (LO), AlenKadr/Shutterstock; 63 (LE), Hulton Archive/Getty Images; 63 (RT), rafalkrakow/Getty Images; 64, COLOA Studio/ Shutterstock; 65 (LO RT), Gyvafoto/Shutterstock; 66, Joel Sartore/National Geographic Creative; 67 (UP), Courtesy of the Colorado State Fair; 67 (CTR), 1000 Words/Shutterstock; 67 (LO), Abramova Elena/Shutterstock; 68, Petri Jauhiainen/Shutterstock; 69 (LE), Corbis Historical/Getty Images; 69 (RT), mario95/Shutterstock; 70, Eva Hambach/AFP/Getty Images; 71, Heritage Auctions; 72, photo-denver/Shutterstock; 73, NASA Photo/Houston Chronicle, Smiley N. Pool; 74, u3d/Shutterstock; 75, Jaroslaw Kilian/Shutterstock; 76, Melissa Jensen/Alamy Stock Photo; 77 (UP), piotr_pabijan/Shutterstock; 77 (LO), tonkid/Shutterstock; 78, Franck Fotos/Alamy Stock Photo; 79 (UP), Dan Leeth/ Alamy Stock Photo; 79 (LO RT), Toni Schmidt/Shutterstock; 79 (LO LE), Bozena Fulawka/Shutterstock; 80 (LE), LanKS/Shutterstock; 80 (RT), M L Pearson/Alamy Stock Photo; 81, ZAP Collection /Alamy Stock Photo; 82, ©2014-2015 Tomasz Skoczen/Getty Images; 84 (UP LE), Preto Perola/Shutterstock; 84 (LO LE), Africa Studio/Shutterstock; 84 (RT), Photolibrary RM/Getty Images; 85 (UP), YamabikaY/ Shutterstock; 85 (LO), Bettmann Archive/Getty Images; 86 (UP LE), 1989studio/ Shutterstock; 86 (LO LE), Sonsedska Yuliia/Shutterstock; 86 (RT), Eric Masson, Ph. D./Ohio University; 87, canbedone/Shutterstock; 88 (LE back), NG Children's Books Design; 88 (LE), Western History Collections, University of Oklahoma Libraries, General Personalities 87; 88 (RT), Courtesy of the Leon Myers Stamp Center; 89 (UP), Drozhzhina Elena/Shutterstock; 89 (LO), Science Source/Getty Images; 90, EvgeniiAnd/Shutterstock; 91 (UP LE), Tom Wang/Shutterstock; 91 (UP LE), rangizzz/Shutterstock; 92 (LE), Donald B. Kravitz/Getty Images; 92 (RT), Martin Quested; 93, Evan Sklar/FoodPix/Getty Images; 94, Tono Balaguer/ Shutterstock; 95 (UP), Mega Pixel/Shutterstock; 95 (LO), Eti Swinford/ Dreamstime; 96 (UP), Sari ONeal/Shutterstock; 96 (CTR), MFG Design/ Shutterstock; 96 (LO), Peter Houde; 97 (all), Library of Congress; 98, Happy Hirtzel/Shutterstock; 99 (LO LE), Orhan Cam/Shutterstock; 99 (LO RT), Mega Pixel/Shutterstock; 100 (LE), Klerik/Shutterstock; 100-101, Loren L. Masseth/ Shutterstock; 102 (UP), AP Photo/College Station Eagle, Gabriel Chmielewski; 102 (LO), David Sucsy/Getty Images; 103 (all), Courtesy of Whit Deschner; 104, NASA/Edwin E. Aldrin., Jr.; 105 (UP LE), WarkopAS/Shutterstock; 105 (LO), Dan Thornberg/Shutterstock; 106-107, Mitchell Funk/Getty Images; 108, Elena Schweitzer/Shutterstock; 109, Mega Pixel/Shutterstock; 110-111, Treinen Farm Corn Maze and Pumpkin Patch; 112, Rene Martin/Shutterstock; 113 (UP), Gita Kulinitch Studio/Shutterstock; 113 (LO), Pete Souza/Planet Pix via ZUMAWire/ Newscom; 114 (UP), rangizzz/Shutterstock; 114 (LO), MSPhotographic/ Shutterstock; 115, Brian Edwards; 116-117, Getty Images; 116 (UP RT), Matej Kastelic/Shutterstock; 117 (UP LE), phugunfire/Shutterstock; 117 (LO LE), Gimas/Shutterstock; 117 (UP RT), Trong Nguyen/Shutterstock; 117 (LO RT), Mapics/Shutterstock; 118, Claudio Contreras/NPL/Minden Pictures; 119, Natural History Museum of Los Angeles; 120 (UP CTR), Oku Okoko Photography/ Shutterstock; 120 (LO LE), photka/Shutterstock; 120 (RT), DmitrySerbin/ Shutterstock; 121, Ben McCanna/Portland Press Herald/Getty Images; 122-123, Iodrakon/Dreamstime; 124, Rick & Nora Bowers/Alamy Stock Photo; 125 (UP), FOR ALAN/Alamy Stock Photo; 125 (LO), Binh Thanh Bui/Shutterstock; 126 (LE), Elena Shipilova/Shutterstock; 126 (RT), NASA/Tony Landis; 127, Jordan Bamforth; 128, mayakova/Shutterstock; 129, Gubin Yury/Shutterstock; 130, Bettmann Archive/Getty Images; 131, Carol M. Highsmith/Buyenlarge/Getty Images; 132 (UP), akaplummer/Getty Images; 132 (LO LE), Akhenaton Images/ Shutterstock; 132 (LO RT), LRSGA72/Shutterstock; 133, Africa Studio/ Shutterstock; 134-135, Richard T. Nowitz/Getty Images; 137 (UP), Best_photo_ studio/Shutterstock; 137 (LO), Courtesy of Hell Creek Fossils LTD; 138 (UP), Ewa Studio/Shutterstock; 138 (LO), Fanfo/Shutterstock; 139, Patrick Jennings/ Shutterstock; 142, aoga111/Shutterstock; 143 (UP), Santiago Felipe/Getty Images; 143 (LO LE), Evgeniy Zhukov/Shutterstock; 143 (LO RT), The Natural History Museum/Alamy Stock Photo; 144 (UP), nnattalli/Shutterstock; 144 (LO), Courtesy of the J.W. Westcott; 145 (UP), Gamma-Rapho/Getty Images; 145 (LO), PYMCA/UIG/Getty Images; 146, Lonely/Shutterstock; 147 (UP), AP Photo/Alastair Grant; 147 (LO), Bettmann/Getty Images; 148-149, Ben Hider/Getty Images; 150, Barnes Ian/Shutterstock; 151 (UP), Fred Vuich /Sports Illustrated/Getty Images; 151 (LO), Gwen Roolf; 152 (LE), denio109/Shutterstock; 152 (UP RT), Francesco Cantone/Shutterstock; 152 (LO RT), Photo Melon/Shutterstock; 154, Anucha Sirivisansuwan/Shutterstock; 155 (LE), abimages/Shutterstock; 155 (UP RT), Africa Studio/Shutterstock; 155 (LO RT), Svietlieisha Olena/Shutterstock; 156-157, Brocreative/Shutterstock; 158, Mark Klingler/Carnegie Museum of Natural/Getty Images; 159 (LE), ZUMA Press, Inc./Alamy Stock Photo; 159 (UP RT), Binh Thanh Bui/Shutterstock; 159 (LO RT), Fandi Gerilya/Shutterstock; 160 (LO LE), Nikulina Tatiana/Shutterstock; 160 (UP LE), BlueRing_Nuchy/ Shutterstock; 160 (RT), Joe Raedle/Getty Images; 161 (UP), Michael Fitzsimmons/Shutterstock; 161 (LO), Chase Weir; 163 (LE), Universal History Archive/UIG/Getty Images; 163 (UP RT), studiovin/Shutterstock; 163 (LO RT), AlenKadr/Shutterstock; 164 (LE), Tom Mihalek/Getty Images; 164 (UP RT), Science Source/Getty Images; 164 (LO RT), photastic/Shutterstock; 166-167, Suzi Eszterhas/Minden Pictures; 168 (UP LE), DAWA/Shutterstock; 168 (UP CTR), nito/Shutterstock; 168 (LO LE), Mark Herreid/Shutterstock; 168 (LO CTR), Georgios Kollidas/Shutterstock; 168 (LO RT), Evikka/Shutterstock; 170 (UP), Philip Pilosian/Shutterstock; 172-173, Oscity/Shutterstock; 174 (UP), Pandum/ Shutterstock; 174 (LO), Greg Mercer/Field Museum Library/Getty Images; 175 (border), Duncan Usher/Minden Pictures; 175 (CTR), Hannie Joziasse/ Buiten-beeld/Minden Pictures; 176 (UP LE), Olga1818/Shutterstock; 176 (LO), Billion Photos/Shutterstock; 177, NPS/A.W. Biel; 178, Lovely Bird/Shutterstock; 179, zixian/Shutterstock; 181, espies/Shutterstock; 182, Ullstein Bild/Getty Images; 183, Roberto A Sanchez/Getty Images; 184 (LE), Seriy/Shutterstock; 185, Kevin Dietsch - Pool/Getty Images; 186 (UP RT), Levi-a-GEP/Shutterstock; 187, Justin Lambert/Getty Images; 188 (UP), Timothy A. Clary/AFP/Getty Images; 188 (LO), John Brueske/Shutterstock; 190, iStockphoto/Getty Images; 191 (LE), Binh Thanh Bui/Shutterstock; 191 (LO CTR), Iurii Kiliian/Shutterstock; 193 (LO LE RT), grebeshkovmaxim/Shutterstock; 193 (CTR), studioworkstock/Shutterstock; 194, Somchai Som/Shutterstock; 196 (UP), Yvette Cardozo/Alamy Stock Photo; 196-197 (LO), Anucha Sirivisansuwan/Shutterstock; 197 (UP), Ann/Shutterstock; 198, Imageman/Shutterstock; 199 (UP), Jeff Swensen/Getty Images; 199 (LO), admin/Shutterstock

# 10 TIMES THE FUN!

COLLECT THEM ALL!

Discover thousands of outrageous facts about our wacky world in Weird But True! books.

NATIONAL GEOGRAPHIC KIDS

**AVAILABLE WHEREVER BOOKS ARE SOLD**

Discover more at natgeokids.com/wbtbooks

© 2019 National Geographic Partners, LLC